JN292004

儲かる社長の経営ビジョン

中小企業

知らなきゃ損する基礎知識

融資・助成制度

税理士・社会保険労務士
玉井 徹 著

イマジン出版

まえがき

　長引く景気低迷の中、多くの企業がリストラクチャリング（事業の再構築）に取り組んでいます。しかし、リストラの内容は、広告費、交際費、交通費、水道光熱費などの削りやすい経費の節約や残業代・賞与のカットといった人件費の削減など、ほとんどの企業が後ろ向きの「守りのリストラ」に終わっているのが現状です。このような「縮小均衡型」の経営で、この不況期を勝ち残れるのでしょうか。

　今、我が国はすさまじいスピードで変わりつつあります。経済の国際化、技術革新の加速化、消費者行動の変化、働く者の意識の変化、少子高齢化の進展など、構造的な変化が複合して押し寄せてきています。景気、不景気が繰り返しやってくる「循環型環境変動の時代」から、経営者の過去の経験が通用しない「構造的環境変動の時代」に突入したと言えます。このような経営環境の中で「儲かる企業」に変身するには経営者自らの意識変革が必要です。そのためには「守りのリストラ」に終始するのではなく、「攻めること」と「守ること」のバランスを考えた施策を素早く打ち続けなければなりません。構造型環境変動の時代は、従来と同じことを繰り返している企業にとっては大きなピンチでもあるからです。しかし、その一方で、大変革の中に大きなチャンスや「儲かるネタ」は必ずあります。ピンチの中にもチャンス有りです。経営者（社長）のもっとも大切な仕事は、環境の変化を戦略的視野で見通し、ライバルに先駆けて、少しでも早く手を打ち、競争優位に立つことです。

　本書は、経営者や従業員の意識を変える、営業システムを変える、金融機関とのつき合い方を変える、助成金の活用で経営合理化を図る、といった「攻めのリストラ」策の中で、経営システムを変える、すなわち経営の仕組み、やり方を変える秘策を紹介する目的で書かれたものです。チャレンジ精神旺盛な中小企業経営者の「儲かる経営」の一助になれば幸いです。

2002年7月

玉　井　徹

目　次

まえがき

第1章　意識を変える──社長や従業員の意識変革──

Ⅰ　社長の役割
1　自社のビジョンを作ろう …………………………………… 9
2　ビジョン達成へ経営戦略計画をつくる ………………… 13
3　変革の時代・社長はどう対応するか …………………… 15

Ⅱ　中小企業の従業員の育て方
1　やる気にさせるほめ方 …………………………………… 18
2　上手な叱り方 ……………………………………………… 21
3　指示に従わない従業員への接し方 ……………………… 25
4　やる気にさせる目標の与え方 …………………………… 28
5　プラス思考の心構え ……………………………………… 30
6　経営方針、経営目標に納得しない従業員への接し方 … 34
7　グループ活動で仲間意識、参加意識を高めよう ……… 36
8　仕事をゲーム感覚でとらえてみよう …………………… 38

第2章　営業システムを変える

Ⅰ　経営者自ら営業の素晴らしさを示そう
1　でもしか営業マンはダメ ………………………………… 43
2　営業マンが奮い立つポイント …………………………… 45

Ⅱ　営業の新人をどう戦力化するか
1　なぜ営業は新人でも可能性があるのか ………………… 50
2　新人営業マンの戦力化 …………………………………… 52
3　未熟は武器に ……………………………………………… 53

Ⅲ 経営者は売るためのパターンを示そう

第3章 金融機関との付き合い方を変える

Ⅰ 金融機関は中小企業のどこを見ているか
1 まず経営者です ……………………………………… 63
2 次に従業員に目を向けます ………………………… 65
3 中小企業の施設設備はどのように見ているのか …… 67
4 その他、銀行員が中小企業を見ている点 ………… 69

Ⅱ 中小企業経営者の金融機関とのうまい付き合い方
1 銀行からスムーズに融資を受けるコツ …………… 70
2 銀行員とのうまい付き合い方 ……………………… 73
3 借り入れ枠を増やす方策 …………………………… 76
4 上手な金利交渉の方策 ……………………………… 77
5 取引金融機関の選び方 ……………………………… 78

Ⅲ 金融機関はこのように貸出審査をする
1 借り入れ申込み書類にはどのようなものが必要か …… 79
2 金融機関からの借り入れの種類とそれに対するチェックポイント
　　　……………………………………………………… 81
3 金融機関の支店決済と本部決済、二つの方法 …… 83

第4章 助成金活用で経営合理化

Ⅰ 補助金、助成金とはなんだ
1 こういう時代だからこそ優秀な人材を確保しよう …… 89
2 新・雇用調整助成金 ………………………………… 91
3 中小企業雇用創出人材確保助成金 ………………… 95
4 中小企業高度人材確保助成金 ……………………… 96
5 中小企業雇用創出雇用管理助成金 ………………… 98
6 高年齢者の能力を活用するための補助金、助成金 …… 99
7 従業員の能力開発のための補助金、助成金 ……… 103

8　中小企業創造活動促進法にチャレンジ …………… 105
　　9　使いやすい中小企業経営革新支援法 …………… 109

Ⅱ　中小企業の経営合理化を支援する機関

1　財団法人高年齢者雇用開発協会 …………………… 112
　　　業務の概要と連絡先
2　都道府県雇用開発協会 ……………………………… 114
　　　業務の内容と各都道府県協会一覧表
3　雇用・能力開発機構 ………………………………… 119
　　　業務の内容と各都道府県センター一覧表
4　中小企業庁 …………………………………………… 123
　　　各経済産業局一覧表

著者略歴 …………………………………………………… 127

第1章

意識を変える

―社長や社員の意識変革―

第1章 意識を変える―社長や従業員の意識変革―

I　社長の役割

1　自社のビジョンを作ろう

▶急成長している会社の共通点はビジョンが明確
　ビジョンとは、「将来の自社のあるべき姿」

　経営者自身が自分の会社は何のために存在しているのか、自分の会社をどのように育てていこうとしているのか、という経営理念をしっかり示さなければなりません。
　中小零細企業から一流大企業へ発展したところは経営理念が明確でした。

◎木製建具業からアルミサッシメーカーに転身、今や業界トップメーカーのトステム創業者の潮田健次郎氏は、「明確なビジョンを持っていたこと」が自社の急成長の大きな要因だと述べています。同社の経営理念は、「よい家に住むことは万人の願い。この願いを実現するために私たちは働く」というものです。こ

の理念は、同社の前身の木製建具時代に作ったもので、当時、建具だけでは、社会に寄与する度合いが少ない。人々の究極の願いはよい家に住むことと考え、これを考えついたのだそうです。そして、小さい企業でも未来に大きな夢を持ったことが、現在のトステムグループの形成につながったと話しています。

◎故松下幸之助氏は、松下電器が創業10年の中小企業時代に、綱領として以下の理念を内外に示しています。
　「産業人たるの本分に徹し、社会生活の改善と向上を図り、世界文化の進展に寄与せんことを期す」
　現在の松下電器を知っている我々からすれば、さすが松下幸之助は壮大な経営理念を作るなあと納得できますが、この当時は松下幸之助氏も少壮の青年経営者です。とても世界を相手にするような会社の規模でもありませんでした。経営理念に世界的スケールの努力目標を謳い、その目標達成に従業員ともども日々精進したことによって今日の松下電器があるのではないでしょうか。

第1章　意識を変える―社長や従業員の意識変革―

▶よい経営理念とは

◎第一　経営の目的が簡単明瞭に表されている

　経営者のやりたいことが誰にでもわかる言葉で端的に表されています。経営理念だからといって別に高邁で難しく抽象的な言葉でなくてもよいのです。重要なのは、「何のため、誰のためにやるのか」ということを明確にすることです。

◎第二　従業員のため、ということにも言及されている

　経営者を儲けさせるために従業員は働いているわけではありません。従業員が薄給で日々の暮らしにも苦労しているというのに経営者は豪邸に住み、会社に出てこない奥さんや家族の分の給料まで支払っていたのでは、やる気を出せといっても無駄でしょう。

> **「経営に活気をみなぎらせるために経営者がなさねばならぬことは、ビジョンを明示し、目標を高く掲げることである」**
> 　　　　　　　　　　　　　　　（元経団連会長　土光敏夫）
> 　土光氏によると、目標には企業自体の目標と従業員のための目標があるとのことです。そして、「企業の目標が従業員に納得され支持されるためには、その成果が従業員にいかに配分されるかということを、同時に示さねばならない。たとえば、5年後における賃金の水準、定年の延長についてのビジョンである。こうすれば、企業の組織目標と従業員の個人目標は融合し、全体として経営は活気を帯びるようになるのだ」と述べています。確かに、人は皆、夢を持っています。先にあげた松下幸之助氏の「世界文化の進展に寄与する」という壮大な夢から、せめてあと月1万円ぐらい給料がアップしないかな、と言う従業員のささやかな夢まで。そしてその夢がかなうというビジョンが明確になっていれば、やる気は当然高まるはずです。歴史を振り返ってみても、武田信玄にしろ、上杉謙信にしろ、東郷平八郎にしろ、彼らであってもただ単に「やれ」と言っただけでは人は動きません。戦国時代なら領土などの恩賞、明治陸軍なら昇給昇格、名誉などのインセンティブのシステムがしっかりでき

ていたはずです。だからこそ、一枚岩になって難敵にぶつかっていけたのです。

◎第三　経営者と従業員が共通の価値観で結ばれる

　企業には、経営者と従業員の間に、大きな価値観の断層があるものです。使う側と使われる側、それぞれ経営に対するものの見方、仕事に対する姿勢が変わってきます。しかし、「ヒト、モノ、カネ」すべての面で大企業の後塵を拝する中小企業にとって、難敵はさまざまなところに現れます。内側に懸念材料を抱えていたのではとてもこの変化の激しい時代を生き残っていくことができません。全従業員共通の価値観で結ばれた経営理念が必要になってくるのです。そのために前出の土光敏夫氏は、「経営者自身が、新しい価値観の提唱者にならなければならない」と話しています。またセコム創業者の飯田亮氏も、会社が持っている価値観と従業員の価値観がある部分で一致することが大切だと話しています。会社に対して忠誠心が強いこと、言い換えれば帰属意識が強すぎるということは、実は会社に頼りきっていることだと言うのです。そして、一番大切なのは自分自身の自己実現、それから家族の幸せであり、それが根底にあってこそ、自分の価値観と会社の価値観がある部分、重なり合うことが重要なのだと提議しています。これこそが強い組織作りの原点と言えるのではないでしょうか。

第1章　意識を変える―社長や従業員の意識変革―

2　ビジョン達成へ経営戦略計画をつくる

▶ビジョンを達成させるための経営者としての具体的な取り組み方法

◎従業員の参加がビジョン達成の秘訣

　まず前項で述べたビジョンは、経営者が希望する「自社の将来あるべき姿」であって、この段階ではまだ、絵に描いた餅の状態です。これにしっかり息を吹き込み、実現させるために「経営戦略計画」を作成する必要があります。これは経営者が描いたビジョンを具体化していく作業です。

　このとき重要なのは、あとで本章の6．「経営方針、経営目標に納得しない従業員への接し方」でもう少しくわしく述べますが、このビジョン作りの具体的作業に、従業員を参加させることです。なるべくなら全体会を開いて従業員全員で、経営者の掲げるビジョンを達成するためどうすればよいか討議するのです。今年入った新人やパートタイマーは、何を討議しているのかまったくわからないかもしれません。しかしそれでも、将来の会社の重要事項を決める会議に参加したというだけで、仕事に対する取り組み姿勢が違ってきます。上から押し付けられたものではなく、みんなで納得して決めたことだからです。

▶「経営戦略計画」

第一　経営理念に基づいたビジョンを示し、それを具体化していく作業の中に従業員を参加させる。
　①　その過程で大事なことは、ビジョンを具体化するための経営目標は、チャレンジしがいのある目標を設定すること。
　経営者も含めた全員で知恵を絞り、真剣に仕事に取り組まなければ達成できないような目標でなければ、企業のレベルアップは図れません。またその目標は、具体的なものであるべきです。「経費節減に努力する」とか「新規開拓を推進する」とかいった目標設定では、達成できたかどうかの評価が不明確ですし、目標達成のための戦略

がどうしても抽象的になってしまいます。
② 目標設定は、たとえば売上や利益がいくら、業界の中のシェアを○パーセントにする、あるいは店舗を○店舗出店するといった具体的なものでなければ、従業員も張り合いが出ません。そして、これらの目標項目に対し、経営者と従業員が数字の詰めを行い、両者合意のもと、経営目標を決定します。この数字は、前にも述べたように、経営者から押し付けられたものではなく、従業員全員の納得の上決められたものですから、重みが違ってくるのです。

第二　経営方針を明らかにする。

　これは経営者自らが立て、社内に徹底させる必要があります。この点が経営者として最も重要な役割です。経営者の役割についての実証的研究で有名なアメリカのホールデン、フィッシュ、スミスが書いた「トップマネジメント」という本の中に、経営者の主な役割として、以下の項目が挙げられています。
① 目標の計画化と明確化
② 組織の健全化
③ 主要地位の人事の適正化
④ 効果的な統制方法
　上記の①に関しては、前項とこの項で述べました。
　②の組織の健全化、③の人事の適正化、いわゆる組織作りについては、成功している経営者の必須条件といってもいいものです。ゼロからスタートし、一代で上場企業を築き上げたあるベンチャー企業の経営者は、創業10年間は自分の仕事の70％は組織作りに費やし、会長となった今でも30％はそれにつぎ込んでいると語っています。
　④の効果的な統制方法とは、経営者が部下にかなりの部分の権限を委譲し、経営者は大局的な視野に立って、計画と指揮に専念するということです。しかし中小零細規模の経営者は、自ら一般社員と同じ仕事をしなければならない場面もあるかもしれません。
　いずれにしても経営者というのは、企業の全体的な目標を明確に設定し、その目標を具体化し、その効果的達成のための組織をつくり、それを機能化し、従業員を適切に配置し、権限を大幅に委譲して、大所高所から活動をチェックしていくという重い役割を背負っているのです。

第1章　意識を変える―社長や従業員の意識変革―

3　変革の時代・社長はどう対応するか

　10年前と比べて、我々の身の回りで一番変わったと思われるのはどのようなことでしょうか。まず思いつくのが、情報環境の変化です。一昔前までは、我々が情報を得ようとしたら、テレビやラジオ、新聞、雑誌、書籍といった手段しか思いつきませんでした。専門的なことでわからないことがあると、近くの図書館へ行き、書架から参考文献を取り出して閲覧席の机の上にそれを積み上げ、一つ一つ必要な箇所を抜き書きしたり、コピーに取ったりしたものです。今でもそれは無くなったわけではありませんが、インターネットの検索機能を利用すればかなりの部分、瞬時に、かつ大量に、良質な情報を得ることができるようになりました。情報がリアルタイムで日本、世界中を駆け巡る高度情報化社会へ突入したのです。このような時代では、人々の価値観が急激に変化し、それに連れて市場も変化しやすくなります。たとえばバブル全盛時は、高級品が飛ぶように売れました。しかしバブル崩壊に伴いそれがまったく売れなくなり、やがて価格破壊という言葉とともに牛丼やハンバーガーなどの外食産業やユニクロに代表されるカジュアル衣料品などの低価格志向が定着していきました。しかし、再び市場の変化が起きたのか、ここに来てユニクロの業績にも急ブレーキがかかりつつあります。
　我が国の経済社会は、今大きな転換期を迎えていると言われます。経済のグローバル化とそれに伴う国際的な大競争時代の到来、技術革新の加速化、少子高齢化の進展、働く者の意識の変化、高度情報通信社会の進展といった、時代の大きな変化の中に我々はいます。企業の経営者にとって、このような変革の時代の中でどのように自社の経営の舵取りをしていくのか、頭を悩ませている方は多いと思います。企業を取巻くこのような環境の変化に対して、事業の中身や方法を変えるなど企業自らも変化していかないと生き残っていくことはできないのです。経営者はしっかり経営方針を打ち出し、環境の変化に対応した経営を行っていく必要があります。

▶市場のニーズを読む
―企業にとっての環境の変化とは何なのか―

　経済のグローバル化、国際的な競争、技術革新の加速化、働く者の意識の変化、少子高齢化、高度情報通信社会などもちろんあるでしょう。しかしこれらは間接的要因です。一番大切なのは市場のニーズです。変革の時代は別に今だけに限ってあるわけではありません。終戦直後やオイルショックのときなど、過去に今以上の変革の時代はありました。そのような時代を生き抜いてきた企業のほとんどは、市場のニーズを的確に読み、そのニーズにあった商品を消費者に提供したからこそ、現在があるのです。ただ現在は、人々の価値観が急激に変化し、それに連れて市場も変化しやすくなっています。商品のライフサイクルも短くなっており、消費者ニーズを読むのに難しい時代となっているのは間違いありません。

◎CS経営とは―お客様のクレームは神の声◎

　消費者のニーズを満足させることを経営方針にしようという考えに、CSというのがあります。CSのCは、カスタマーすなわち顧客で、Sはサティスファクションすなわち満足、つまりお客様の満足を第一に考えた経営をしようという考えです。たとえば、伸びている会社ほどクレーム処理が迅速で滞りなく行われると言われます。

　お客様のクレームこそ神の声であるとして、経営者が新商品の開発や経営改善の参考に取り入れているからです。あるサービス業では、利用いただいたお客様に「ご満足していただけましたでしょうか」というアンケートを実施したり、おなじみさんカードを発行したりして、常にお客様の満足度をアップさせるにはどうするかということを経営方針の中核に置き、業績を伸ばしています。

　またCS活動実践企業として有名なトヨタは、営業所に対する顧客の評価を知るものとして、年1回、70万通以上のアンケートを実施し、また車を購入した時点、3ヵ月後、3年後の顧客満足度調査を実施しています。回答者に対して、ほぼ100％の対応を実施して商品、サービスの改善にフィードバックしています。いくら変革の時代だからと言っても、商品を売ったり、

第1章　意識を変える―社長や従業員の意識変革―

サービスを提供したりして利益を得るというスタイルに変わりはありません。市場のニーズを的確に読もうと努力し続けている会社にとって、変革の時代も平時と変わらないことなのです。

Ⅱ 中小企業の従業員の育て方

1　やる気にさせるほめ方

　人のやる気を高めるために「ほめる」ということは、あまりにも当たり前すぎて、そんなことは言われなくてもわかっている、と思われるかもしれません。しかし一見、誰もがわかっていることであっても、実際に職場で本当にうまく従業員をほめている経営者がどれほどいるのでしょうか。「従業員のやる気がない」と嘆く経営者は、職場で一言のほめ言葉も発していない場合があまりにも多いのです。

◎ある中規模の建設会社の総務部にいた人間がいました。彼は大変な頑張り屋で、仕事の幅を広げ会社に尽くすという目的で、自腹で資格スクールや通信講座を受け、宅地建物取引主任者や行政書士、社会保険労務士といった資格を次々に取得していきました。ところが３つの資格を取得した頃から、経営者や上司が彼に冷たくなって行きました。不況の時代で、彼の会社もリ

第1章　意識を変える―社長や従業員の意識変革―

> ストラによる社内の生き残りゲームのような要因もあり、結局彼は経営者や上司からの嫉妬からくる嫌がらせに耐え切れず、退職を余儀なくされました。

　彼は退職後こんなことを話してくれました。2年間の勉強の末やっと資格を取得したことを上司に報告したとき、一言のねぎらいの言葉もなかったばかりか完全に無視されたことで、まったく仕事をする気がなくなってしまった、と。にっこり笑って、「良く頑張ったな」と一言でも言って欲しかった、と。

　大企業なら従業員の資格取得に伴う報奨金規定などきちんとしたシステムができているところが多いのですが、中小企業では経営者や現場のさじ加減ひとつでこのようなことが起こります。当然ほめられてしかるべき成績を上げながら「ほめられる」という期待が報われないと、従業員は怒りや興奮で俄然、反抗的になったり、やる気をなくしたりするのです。

　営業でノルマをきちんと達成したのに、経営者が「営業はノルマを達成するのは当たり前だ」と一言のほめ言葉もなかったばかりに潰れていった営業マンはいったいどれだけいるのでしょうか。

　従業員が期待どおりの成績を上げたときは、彼らの期待どおりにおおいにほめてあげましょう。経営者がぶすっとしたまま、給料を少しばかり上げるよりも、たとえ給料は変わらなくても経営者が期待どおりの成績を上げた従業員の能力を認め、心から感謝の気持ちを伝える方がお互いにとってプラスになります。しかしただやみくもに従業員を持ち上げるだけではお世辞と取られ、かえって逆効果になる場合もあります。

▶うまいほめ方のポイント
　従業員をやる気にさせるほめ方

◎第一　経営者が「こころからほめよう」と決心する
　従業員の長所を発見し、感謝の気持ちでほめることによって初めて従業員から受け入れられるのだと考えることです。
◎第二　従業員の長所を具体的に表現する
　たとえば、「君の挨拶はいつ聞いても気持ちいいね」とか、「会議の資料が良くできている」とかいうことがあげられます。逆に表現が抽象的だとお世辞に聞こえたり、悪くすると嫌味を言われたりしているのではないかと勘ぐられることにもなりかねません。
◎第三　他の従業員の前でほめる
　会社や、社長が評価していることを全従業員に明らかにし、本人だけではなく、従業員全員が励みになることが大切です。

◎創業以来業績が順調で、従業員数30名ほどの販売会社の朝礼。とにかく明るく笑いの絶えない朝礼です。若手従業員に話す機会を与えようということで、持ち回りで3分間の自由スピーチを従業員全員の前でさせ、そのあと社長のコメントがあるのですが、そのコメントがとてもユーモアに富んでおり、また随所にほめ言葉がちりばめられています。社長がよく従業員を見ているのがわかります。その後、成績の良い営業マンの発表があり、名前と数字が発表されると全員が拍手して、その営業マンの労に報います。社長にほめられ、他の従業員から祝福された人はとてもうれしそうです。社長は、朝一番に行う朝礼はその日一日の仕事の成果を左右しかねないので、とにかくほめ言葉を多くして従業員の気持ちを乗せることが大事だといっています。

第1章 意識を変える―社長や従業員の意識変革―

2　上手な叱り方

①叱る相手のタイプを見極めよう

　人にはいろいろなタイプがあって、ひとつの成功事例がそっくりそのまま失敗事例になりうる。

　人を使う立場の人にとって、叱るということは本当に難しいと実感されていると思います。

　特に今の若手従業員は、ひ弱で何か言うとすぐ落ち込む反面、押し付けに反発するとよく経営者の方から聞きます。本当に従業員のためを思って叱ったことが、相手はそうは受け取ってくれず、「怒られた」「もうこの会社にいても将来はない」などと思い込んで、将来を期待していた従業員に去られてしまったというケースも聞きました。

　そのような経営者が見過ごしている点は、人によって受け止め方が違うということです。

　叱られても後遺症が残らないようなネアカ（根が明るい）人間は、多少きつく叱っても次の日になればケロッとしているので、どんどん叱ってやってもかまわない。

◎プロ野球の球団にも叱られ役というような選手がいます。野村監督時代のヤクルトの古田選手や巨人の元木選手です。また、元阪神の川籐選手は高校時代からなぜかチームで一人だけ怒られ、プロ野球に入ってからも、なぜか俺一人だけ怒られたと笑っていました。そういった人たちは、ストレスが発散しやすい体質を持っているため、あとに残らない。経営者にとっては、社内の叱られ役＝引締め役になってくれるまことに貴重な人材です。

　逆にネクラ人間は、怒られるとストレスがそのまま貯めこまれるので、教え導くという意味の叱責でも萎縮してしまい、かえって逆効果となります。このような従業員を叱るときは、前に述べた「やる気にさせるほめ方」を参考にしながら、「ほめる、叱る、ほめる」といった順序で叱るのが効果的です。最初のほめ言葉で、緊張を解きほぐし、ほっとさせ、話を聞こうという

気持ちにさせたあとで、ソフトに叱る。次にまたほめ言葉や激励で、前の注意をフォローしながら、元気付ける。

二宮尊徳の有名な言葉に次のようなものがあります。
　「**可愛くば、五つ教えて三つほめ、二つ叱ってよき人とせよ**」
　単にほめるだけ、叱るだけではだめで、ちょうどいいバランスが大事なのです。

②叱ったあとのフォローが大切

かつての大経営者と言われた人たちは、怒ったときは本当に怖かったそうです。松下電器創業者の松下幸之助氏しかり、リコー・三愛グループの創業者市村清氏しかり、元佐世保重工業社長の坪内寿夫氏しかり、石川島播磨重工業と東芝の社長を歴任した土光敏夫氏しかり。

ただ彼らの下で長く働いた従業員は皆、怒られたことをいい思い出として、懐かしんでいます。晩年、温厚な好々爺のようであった松下幸之助氏も、彼の下で長く働いた後藤清一氏の著作によると、若い頃は激昂してストーブの火かき棒が折れ曲がるぐらい床を叩き、あまりの剣幕のものすごさに失神しそうになったと書いています。後藤氏が、これだけ社長を怒らせてしまったのだからもうだめだ、会社を辞めようと決心して自宅へ帰ると、お膳にご馳走が並んでいる。奥さんに聞くと、先ほど松下社長から電話があって、今日お宅のご主人を怒ったので意気消沈して帰宅するはずだからおいしいものでも作って慰めてやってくれ、と頼まれたとのこと。それを聞いて後藤氏は、一生、松下幸之助社長について行こうと決心したそうです。ほかに前述の三氏の経営者も、厳しく叱った従業員には後で背広のお仕立券を渡したり、タバコ一箱を叱った従業員のデスクの上においておいたり、第三者を介して、「あいつは見込みがあるからこそお灸を据えたのだ」と本人に伝えていました。

③大経営者に共通するのは、叱った後の見事なフォロー

叱られた従業員は、叱った経営者への恨みにどうしても心が傾きがちになります。せっかく、心を鬼にし、従業員のためを思って厳しく叱ったのに、残ったのは経営者への恨みだけと言うのでは、叱る意味がありません。従業員が意気消沈しすぎないようにするためだけではなく、叱られた内容を反省させ、しっかり受け入れてもらうために、暖かいフォローが必要なのです。フォローが完璧な厳しい叱責は、時として、ほめ言葉の数倍の効力を従業員にもたらすことがあります。一流の経営者は、その効力を肌で感じて知っていたのかもしれません。

叱り方の極意

> 1．叱るときは必ず1対1で
> 　従業員のプライドを傷つけないようにします。ほめるときは、他の従業員の前で。叱るときは、1対1で、が鉄則です。
> 2．従業員がどんなに間違っていても追い詰めない
> 　相手の逃げ場を作り、ある程度の余地を残して叱る必要があります。
> 3．厳しくても公平、が原則
> 　優秀な従業員ばかりに目をかけ、そうでない従業員ばかりを叱っていると、優秀な従業員が妬みを買い、結局だめになってしまうことがあります。経営者は公平さを第一に考えたいものです。

第1章 意識を変える—社長や従業員の意識変革—

3 指示に従わない従業員への接し方

▶反抗的な従業員に向き合おう

　どこの会社にも反抗的な従業員はいるものです。特に今の若手従業員は、押しつけに反発する、自己主張はするが、するべきことをしない。同年代以外とは付き合おうとはしない、という感想を抱いている経営者の方は最近多くなってきました。

　もともと人は、他人からの禁止や命令の言葉に対しては、反発や機械的服従、退行によって対応しがちだと言われます。特に今の若者は、学校やクラブ活動での上下関係はあまりなくなってきています。クラブ活動などでも体育会などの上下関係の厳しいところは敬遠し、同好会など和気あいあいのムードのところに集まる傾向があり、また親子関係も、自分の子供と友達づきあいする親が急増しています。このように会社に入社する前の生活が、上下関係のない雰囲気の中で生きてきた人間にとって、昔ながらの会社の雰囲気ではなかなか適応できないのかもしれません。

　今の若者は、世の中の上下関係というものをほとんど意識せずに生きてきたわけですから、会社の経営者が上役風を吹かせ命令すると条件反射的に反発する傾向があります。表立って反発しなくても、ふてくされて命令されたことをしぶしぶやる、といったことになりがちです。

　それを見た経営者が、なぜもっと前向きに取り組まないのかと昔の体育会のノリで、ますます命令の言葉を強くし、それがかえって悪循環を生み出していると思われてなりません。経営者は若者の育ってきた環境の変化に理解を示してやる必要があるのです。

▶指示に従わない従業員へのアプローチの改善策
①指示に従わない従業員に対する言葉使いを変えてみよう

　指示に従わない従業員は、命令の内容ではなく命令のされ方に反発している場合が多いのです。十分納得のいく内容の命令であっても、経営者から見下ろされる感じで「やれ」と言われたのでは、従業員にとっては、その命令を実行すれば服従させられたというイメージを抱いてしまいます。このような従業員に命令するときは、

依頼する形で話を切り出した方が効果的です。たとえば「実は君を見込んで頼みがあるんだけど」という形で経営者から頼まれて、反発する従業員はいないでしょう。経営者に対する劣等感が薄れ、対等な形で依頼されたのだと考え、何とかその依頼に応えようと必死で努力するはずです。

②指示に従わない従業員との間に共通の敵をつくろう
ライバル会社に絶対勝つぞ。ともに戦おう

「昨日の敵は今日の友」ということわざがあります。「敵の敵は味方である」という言葉もよく使われる言葉です。指示に従わない従業員にとって、社内の敵は経営者、上司であるとしたらどうでしょう。最初から敵であるとみなしているわけですから、何を言っても反発してきます。このような従業員は、自分の仕事に対し何らかの「こだわり」を持っていますから、得てして仕事ができる人が少なくありません。経営者の特権で辞めさせたり、配置換えしたりしている経営者もいますが、彼らは「仕事はできるのに残念だ」と惜しんでいます。しかし、このような従業員こそ味方につければ大きな戦力になるのです。「敵の敵は味方である」という世界史を紐解けば数多くの英雄が利用し、権力者にのし上がって使ったこの言葉を利用して、味方につけるべきです。

経営者と従業員との共通の敵としてまず考えられるのは、ライバル会社ではないでしょうか。うまくいっている会社の経営者は、このところを見事に利用しています。従業員に対し、ライバル会社の営業戦略や内部体制について細かく話し、「絶対勝つぞ。ともに戦おう」とうまく対抗意識をあおるのです。ライバル会社に勝つためという大目標のもとに、全社一丸となって急成長した会社も珍しくありません。

③指示に従わない従業員でも「絶対これだけは守らせる」
というルールを作ろう

非常時に備え、命令系統を絶えずメンテナンスし、全社一丸となって「絶対これだけは守らせる」というルールを定めておくことが重要です。

会社の業績が順調で、ある程度従業員の自由裁量に任せていても着実に成長する時期というのがあります。

このような、いわゆる平時のときは、会社の進むべき道をしっかり見定めながら従業員に任せるというのも、経営のひとつの方法だ

と思います。
　ただ会社の非常事態のとき、いわゆる有事のときは、経営者が前面に出、リーダーシップを発揮して従業員を引っ張っていく必要があります。こういう時、経営者の命令に無条件に従えない従業員を抱えた会社は、目的遂行に大きな障害をきたすのです。

4　やる気にさせる目標の与え方

▶サブゴールの設定が肝心

　心理学では、目標に至る心理的距離が近ければ近いほど、それだけ早く目標を達成しやすいと言われています。

　遠い目標を近くに感じさせ、あと少し頑張れば目標を達成できるのだと思わせるのです。

　たとえば、年間目標や月間目標、週間目標を日割りにして、１日にやらなければならない仕事の分量を明確にすること。また一度に大量の仕事を与えてとてもできないと落ち込ませるよりは、小出しに与えて、一つ一つうまくできたらほめ、自信を持たせながら仕事をさせた方が効果的です。

　サブゴールの設定は、人をやる気にさせるという点において非常に重要だと思います。なぜなら、人が人一倍頑張るときというのは、目標が十分手の届くところにあり、あと一歩で達成できる寸前のときだからです。それなら常に、手に入る一歩手前のサブゴールを与えてあげればよいのではないでしょうか。

▶出世もサブゴールの積み重ね

　また世の中にはサブゴールが設定してあるということでうまくまわっているようなことがいくつかあります。

　たとえば会社の中に、係長、課長、部長というサブゴールがなく、平従業員と社長だけだったら、出世欲のある従業員はやる気を失ってしまうでしょう。

　たとえば大相撲は、最もサブゴールを有効に活用している世界なのではないかと考えます。番付表を見ても、序の口は序二段、幕下は十両、十両は幕内、幕内は小結・関脇、関脇は大関、大関は横綱、というように、常に自分の手の届く範囲内に目標が設定されています。そしてだいたい何勝すればどこまで上がれるかという基準も比較的明確です。さすがに江戸時代から続く力士のインセンティブシステムは、見事というほかありません。

　山登りの場合でも、いいリーダーはいきなり頂上を目指さない。１時間ほど山を登ってみんな疲れてきたら、「よし、あそこに見える

大きな木の下で休むからがんばれ」とか、「あと10分ぐらい上ったら、登りが楽になるよ」とか言って皆を励ます。他のメンバーは、苦しい息の下で、もう一息で楽になれるのだから頑張ろうとリーダーに遅れないで付いて行く。少しずつリーダーの設定するサブゴールともいう目標をクリアしていくうちに、いつの間にか頂上に着いてしまったということがあります。

　悪いリーダーは、「あと少しだ、頑張れ、頑張れ」と励ますものの、いつまでたっても頂上に着かない。他のメンバーから頂上まであとどれくらいですか、と聞かれてリーダーが「あと3時間ぐらい同じような登りが続くよ」と答えたら、もうやめて帰ろうということにもなりかねません。

5 プラス思考の心構え

　よく朝礼や会議など他の従業員のいる場で、成績のあがらない従業員を名指しで叱っている経営者がいます。
　特に昨今の大不況の中にあって、経営者としては必死の努力で会社の維持を図り、毎日胃が痛くなる思いをしているのにいったい何をやっているのだと怒りたい気持ちもわかります。また叱られた従業員としても、「何も、後輩や女子従業員の前で、名指しで叱らなくてもいいだろう」とぼやきたくなる気持ちもわかります。
　経営者にとっては、みんなの前で恥をかかせることによって、いっそうの奮起と反省を促すという気持ちもあるかもしれません。しかし従業員、特に若手従業員の失敗を数える減点法による管理手法は、どちらかというと従業員のやる気を損なうばかりか萎縮させてしまう方向へ行きがちです。
　成績を上げている従業員にとっても、もし自分もまた彼のように成績が上がらなくなったら同じように恥をかかされるのではないかと思い、仕事に対して消極的な気持ちになります。
　こわいのは、営業の成績が多く上がったとき、成績の一部を翌月に、あるいは翌期にまわして、叱られないように保険をかけておこうという気持ちになったりするのです。このように減点法による管理手法は、一時的には従業員に緊張感を持たせ、成績が上昇する場合もありますが、心の底から湧き起ってくる「やる気」ではないため、長続きしません。結集したパワーには成り得ないのです。
　これに対して経営者が、従業員の失敗を数えるのではなく、成功を数えるというプラス思考を持って従業員に接した場合はどうでしょうか。

> 「目標を達成したら、みんなでお祝いのパーティーをやろう」
> 「よし!!　みんなが頑張ってくれたら、俺が寿司でもおごろう」
> 「これがもし成功したら、ボーナスを上げよう」
> 　など、ひとつもマイナス思考的な話をしない経営者のいる職場は明るく活気があります。従業員のやる気は持続するし、従業員のいいアイデアも生まれてくる。従業員が信じられないパ

ワーを発揮するのはこういう職場です。

　経営者は、従業員に対し、失敗したときの厳しさばかり強調せずに、成功したらこんなにすばらしいことが待っているといった、成功で得られるものを彼らに夢見させるようにすべきではないでしょうか。

- **儲かる会社にすれば、従業員はこんなにリッチな生活ができる。**
- **若手従業員にたとえば10年先のビジョンを説明し、彼らがどのように仕事をし、どれだけ収入を得ているか夢見させる**

▶重要なのは経営者の人の見方

　人間には誰でも欠点があります。簡単なしぐさや生活スタイルは本人の努力で直せますが、欠点がその人の生まれながらのキャラクターに根ざしている場合は、直すのが難しい。
　逆に人間には誰でも長所があります。ですから直りにくい欠点にこだわるよりは、長所を伸ばしてやる方が、従業員が大きく成長する場合があります。

> ◎ある有名な画家の子供時代、小学校の低学年のときはまったくの劣等生で、成績が悪いばかりでなくものすごい人見知りで家族以外とは口を聞けなかったそうです。ところがあるとき、学校の図画の時間、先生が彼の書いた絵をみんなの前でほめたことが自信となって、友達ができ、成績も徐々にアップしていったそうです。

　よく一芸に秀でた人は何をやらせてもうまくやる、と言われますが、あるひとつのことで自信を持つと、ほかのことにも意欲がわき、今までできなかったことができるようになったりします。
　経営者は、欠点だらけの従業員であっても、長所を見つけ出してほめることが大切です。そうすることによって、欠点もいつの間にかカバーされてくるのです。
　また欠点であっても、見方によっては長所となる場合もあります。

> 　江戸時代の話ですが、伊達政宗の家臣にいつも泣いたような顔をしている侍がいたそうです。政宗の側近が、伊達家にあのような意気地のないような顔をした侍はいりませんからクビにされたらいかがでしょうと政宗に言上しました。政宗は笑って、いや、いずれ使い道がきっとあると言ってそのまま雇っておいたそうです。その後、政宗の知り合いの大名が死に、政宗は葬儀にそのいつも泣いたような顔をした男を行かせました。葬儀の後、伊達様のご家来は本当に悲しんでくださったと亡くなった大名の家臣は感激したそうです。

　適材適所という言葉があります。できる経営者は、従業員が一番

能力の発揮できる働き場所をよく理解しておく必要があるのではないでしょうか。

6　経営方針、経営目標に納得しない従業員への接し方

▶個人の目標の設定が大切

　営業において成功する最も大きな要因のひとつは、営業マンが自分の売る商品やサービスに対して、心底納得しているかどうかだと言われます。自分で、この商品は良い、是非お客様にこの商品のよさをわかってもらいたいと思ったのなら、セールストークにも説得力が生まれますし、第一、売っている本人が幸せな気分になってきます。

> 　ある銀行の営業マンの場合。さまざまな金融新商品が発売されたそうですが、その販売の指示は本社から来る一通の通達だけだったそうです。その通達の中身は毎回、「今度こういう新商品を発売することになった。主な内容は以下の通り。〇〇支店は、今期中に〇〇件獲得すること」　その金融新商品発売の趣旨とか背景はほとんど書かれておらず、そのたびに結構憤慨したものです、と話してくれました。彼にしてみれば、「役員会や企画部といった顧客とほとんど接点がないところで勝手に新商品の発売を決定しても、実際第一線で商品を販売するのは、支店の営業マンである。こんな通帳のデザインだけいじくっても、お客様のニーズは反映していない。モノを売るにはそれなりの心構えが必要だ」と言いたかったのでしょう。

▶人はたとえ自分に不利な結論が出されたとしても、
　その結論に参加していれば不満を抱かない

　人は誰しも自己実現の欲求を持っていて、それを満足させられないと不満を抱くというのです。彼の憤慨は、あまり魅力のない商品を売らされるということより、このようなやり方では自分の売る商品に心底納得が得られないというところから来ているようです。銀行のような大きな組織では物理的に難しいかもしれませんが、役員会や企画部が勝手に決めて押し付けるのではなく、形式的でも会議を開いて、新商品発売の決定の場に彼を参加させていれば、当初の

第1章　意識を変える─社長や従業員の意識変革─

取り組み姿勢はまったく違うものとなっていたのかもしれません。
　従業員に経営者の経営方針、経営目標を納得させるときにもこのことは応用できます。
　経営者は、従業員に対し、「社長としての私の今期の経営目標はこうだ。だから君達はそれに従い、今期中に必ずこれだけのことをやれ」と押し付けがちです。もちろんこのことが間違いであるとは申しません。激動の時代、経営者がリーダーシップを取って従業員をぐいぐいと引っ張っていくことはどうしても必要です。
　ただし、従業員が経営者の言葉を押し付けられたノルマだと受け取った場合はどうでしょうか。本当に会社の行く末を案じている従業員にとって、経営者の立てた経営方針、経営目標がどうしても自分のお客様にプラスになるとは思えない場合は仕事に張り合いが出るでしょうか。
　押し付けられたものと自分からやる気になったものでは、取り組み姿勢に差が出るのは当然です。

▶**従業員をやる気にさせる**
　従業員をやる気にさせるためには、経営者が、
①なぜ当社は存在しているのか、なぜ当社はこの商品を売らなければならないのか、なぜ当社はこの目標を達成させなければならないのかをしっかり示す必要があります。
②そして、その趣旨と背景を明らかにした上で、従業員同士で経営者の示した経営方針、経営目標を達成するにはどうすればいいか討論させるのです。
③それを達成するために、従業員は個人として、何をしなければならないかという個人別目標を自分達で決めさせるのです。
④経営者は、従業員が討論している間は、オブザーバーとしての立場に徹するか、それには参加せず、結果だけ報告させるのも従業員の主体性を増すひとつの方法です。このようにして決められた経営方針、経営目標は、従業員自らがその決定過程に参加しているため、取り組み姿勢に大きな差が出るのです。

　従業員に会社の決定に不満を抱かせないためには、その決定に従わなければならない従業員を、どのような形ででも参加させることを考えるべきです。

7　グループ活動で仲間意識、参加意識を高めよう

▶人は、自分のためというよりも、自分が心底愛着を
持っている仲間のためというほうが力を発揮できる

　　　ハーバード大学のレスリスバーガーはこんなことを言っています。
「人は『感情』を持った『社会的動物』であり、公式組織（会社のような公の組織）の中に自然発生的（仲間意識的）な『非公式組織』を作り、その影響が非常に大きい」
　　1924～1932年にかけて、アメリカのウェスタン・エレクトリック社のホーソン工場で、レスリスバーガーは興味深い実験を行いました。経営管理学、産業心理学の分野で有名なホーソン実験です。
　　この実験は、照明など作業条件の変化が作業員の能率に与える影響を調べる目的で行われました。ところが当初予測していた作業条件の変化に関係なく能率が上昇し、普通なら作業環境が悪化すれば能率が落ちるはずなのに一概にそうとも言えない傾向が現れました。いろいろ原因を究明していくうちに以下のことがわかったそうです。
　　ホーソン実験は、数多くの作業員の中から参加者を選抜して行われました。実験に選ばれたという作業員のプライドと仲間意識がいい方向に作用し、作業条件の変化に関係なく、能率が徐々に上昇していったのがその理由でした。従業員は会社に所属していても、社内に自発的な仲間グループといったものを作り、そこから受ける影響が、会社から決められた部や課という所属の影響と同程度か、場合によってはそれ以上になることがあるのです。
　　人は、自分のためというよりも、自分が心底愛着を持っている仲間のためというほうが力を発揮できる場合があります。
★グループ活動を仕事の中に取り入れるメリット★
　　まず、メンバーの一人としての責任感と自覚が生まれてきますから、おのずと仕事に張り合いが出ます。
　　そしてグループ内の自由な情報交換と与えられた役割が、仕事への参加度合いを高めます。メンバー全員の参加度合いを高めるためには、メンバーそれぞれに、役割地位を与えることが効果的です。グループで仕事をする場合は、それぞれの能力より士気と団結が何よ

り重要だからです。野球でもサッカーでも、一人のスーパースターだけではなかなか勝てません。個人技ももちろん大切ですが、選手一人一人が与えられた役割をしっかりこなし、チームワークがとれ、目標に向かって一丸となって突き進んでこそ、いい結果が出るのです。

　また人は、自分が所属する集団の規範にあわせて態度を決め、行動すると言われます。前の項で述べたように経営者から「やれ!」と命令されるより、本当に信頼できる従業員の仲間同士、みんなで討議して決めたことは守る傾向にあるのです。このことは経営者の経営方針、経営目標を集団目標として強固に構築する場合に応用できるのではないでしょうか。

　これらのことは次の項で述べる会社の中に気のあった仲間同士の非公式組織を作り、その集団同士で競争してみようという発想を思いつかせてくれたのです。

8　仕事をゲーム感覚でとらえてみよう

　仕事をノルマで縛らず、ゲーム感覚でとらえ、楽しく仕事をさせることがうまくいった場合、従業員が信じられない力を発揮することがあります。たとえばある販売会社の場合、仕事がマンネリに陥って売上が伸び悩み、社内の空気が暗くなっていた時期があったそうです。
　経営者や営業幹部がどんなに叱咤激励しても業績が好転せず、社内でも変わり者という噂の若手の係長に営業キャンペーンの指揮を任せることになりました。
　彼は、女子従業員や営業以外の従業員も含め全従業員35名を、経営者１人を除き４つの班に分け、それぞれの班に相撲部屋の名前をつけるように他の社員に依頼しました。
　そして１班８～９人を大相撲の部屋に見立て、役職者をそれぞれの部屋の親方にしました。そして若手営業マン４人をそれぞれの部屋の部屋頭にし、全従業員に自分で気に入った四股名をつけてくれるように依頼しました。
　その後、今回のキャンペーンのシステムを皆に発表したのです。そのシステムは、今回は個人的なノルマをつけないこと。その代わり、各部屋単位でノルマを定め、これは連帯責任として必ず達成することでした。
　それから大相撲と同じような番付表を作成し、ノルマはない代わりに商品を一定量売ったら、番付がアップするようにしました。
　たとえば、○件売ったら幕内に、○件なら大関に、○件なら横綱にというように。また一番成績の良かった営業マンを優勝力士として表彰し、部屋別に商品別優勝獲得数の一番多かったところも表彰する、としました。
　キャンペーンを盛り上げる方策として、誰が優勝するか、どこの部屋が優勝するかというクイズを従業員全員で投票してもらい、結果を朝礼で発表したのです。キャンペーンが始まってから彼は毎日朝礼で、番付表の前で番付を移動させながら、面白おかしく発表しました。
　たまに経営者にも「今場所の展望」とか「優勝力士予想」とか解

第1章 意識を変える―社長や従業員の意識変革―

説者として協力してもらいました。
　営業マン以外の他の部署にいる人も女子従業員も自分が部屋に所属しているわけなので、興味しんしんで彼の発表を聞いています。キャンペーンが盛り上がってくると女子従業員が同じ部屋の若手営業マンに「○○さん、今日は成果ありました？」と聞いてくるようになりました。女性の手前、あんまり成果がないとかっこ悪いので営業マンも必死です。やればできるのに、なぜ我々がハッパをかけてもあいつらやらなかったのだろう、と営業幹部がこぼすようになってきました。
　以上、社内上げてのお祭り騒ぎのキャンペーンの結果、その会社は創業以来最高の月間利益をあげたそうです。
　キャンペーン最終日の表彰式では、殊勲、敢闘、技能の三賞や優勝部屋、優勝力士の表彰が行なわれ、インタビューの後、優勝力士の強い希望で、会社の車を使った優勝パレードまで行ったそうです。

第2章
営業システムを変える

Ⅰ 経営者自ら営業の素晴らしさを示そう

1 でもしか営業マンはダメ

　中小企業の経営者にとって、優秀な営業マンの確保に頭を悩ましている方は多いと思います。もともと営業という職種は、最も重要な職種のひとつである反面、最も敬遠されやすい職種であるとも言えます。大企業でも営業職の確保に頭を悩ませているところが多いと聞きました。ましてや中小企業には、若手の即戦力の人材を採用するのは、不況で仕事にあぶれている人が多いご時世でもなかなか難しいのではないでしょうか。自分の会社の商品やサービスが市場に浸透していない中小企業にとって、優秀な営業マンの確保は死活問題です。高いお金をかけて人材を採用しても、2、3日で「やっぱり自分は営業に向いていないと思うから辞めます」と言われたのでは目も当てられません。

　なぜ営業は敬遠されるのでしょうか。誰も営業の重要性に異を唱える人はいません。ただなんとなく嫌だからとか、人に頭を下げたくないからとか、営業に対する悪いイメージが先行しすぎていると

思います。何度も転職を重ね、もう営業職しか残っていない、仕方ないから営業でもやるか、と言った「でもしか」営業マンはどこの会社にもいるものです。経営者は、自分の会社の営業マンから、営業に対するマイナスイメージをとりはらい、プラスイメージへ転化させる必要があるのです。営業マンの営業へのインセンティブを高めることが、中小企業発展のターニングポイントになります。次に経営者がことあるごとに営業マンに伝えて欲しい項目をまとめてみました。

第2章 営業システムを変える

2 営業マンが奮い立つポイント

①販売は企業の基盤
　　販売は会社を支える重要な仕事であるという誇りを持つことが大切です。営業活動がなければ、お客様の需要を喚起し掘り起こすことができないのです。
　　IBMの創立者のワトソンという人は、世界最高のセールスマンと呼ばれた人物ですが、「販売なくして会社なし。セールスに誇りを持て」と常々言っていたそうです。

②売ることは価値の創造である
　　いくら技術者が素晴らしい商品を作っても、お客様の手に渡り、使用されたり消費されたりしななければ価値は生まれません。営業マンがお客様に売ってはじめて、モノに価値が生まれるのです。

③会社で認められるには、営業の仕事が一番手っ取り早い
　　営業は成績としての数字がはっきり出ます。実力のある人間にとってこれほど自分の能力をしっかりアピールできる職種はないでしょう。他の仕事は、実績が数字では計りにくいので、上司によっては自分の能力を正しく評価してもらえない場合があります。

④営業ができれば、食いっぱぐれがない
　　自らも一流の営業マンであったリコー創業者の市村清氏は、「会社がたとえ潰れたって売る力を持っていたら困らない」と営業マンを鼓舞したそうです。確かに求人情報誌、ハローワークなどの求人案内を見ると、営業・販売員の募集が圧倒的に多いし、賃金水準も他の職種より高いところにあります。また求人条件の年齢も不問としているところが多いようです。（ただし、平成14年から求人による年齢差別ができなくなったが職種によっては相変わらず年齢が条件になっていることが多い）営業能力に磨きをかけたほうが、下手な資格を取るより、よっぽど食いっぱぐれがないのは事実です。

⑤自分の才覚と行動で天下のあらゆる階層の人に会える
　　雑誌に超一流の保険セールスマンの記事が出ていましたが、彼のお客様は国会議員から歌手、俳優、一流企業の社長まで幅広いものでした。努力とバイタリティとキャラクターから人脈を広げ、お客様を開拓したそうです。とても他の職種では、これだけの人たちに会うのは難しいのではないでしょうか。また営業で得た人脈は生涯

使えます。そして、自分が営業で出会った一流の人にいろいろ教わることもできるメリットがあるのです。

⑥営業の知識は、あらゆる人間関係に応用できる

　上記の名言は、営業活動についての明解な洞察力に富んだ分析を行ったトップ営業マンのエルマー・ホイラーの言葉です。「ステーキを売るな、シズルを売れ」というマーケティングの格言でも有名な営業マンです。

　彼は、営業マンはお客様の心の動きを常に読み続ける。つまり人間を十分に観察している、人間学の大家であり優秀な心理学者であると言っています。

　トップ営業マンで「あんな嫌なやつはいない」などと言われる人はいません。嫌な人間から商品を買うお客様などいないからです。だから営業マンは逆に、自分の商品を売ろうと思ったら、人間関係の機微をわきまえるために必死に勉強し、いつも相手の立場に立って物を考えようとします。トップ営業マンほど仕事を離れた分野でも実に多くの友人がいるのです。飛び込み訪問などキツイ仕事を切り抜けてきた人ほどどんなに偉くなっても腰が低く、皆から好かれるのです。

⑦営業マンは社長になるための勉強をしている

　これだけ良い商品を開発したのにどうして売れないのだろうとぼやいている経営者の方がいます。よく話を聞いてみると、営業にあまり力を注ぎ込んでいない場合が少なくありません。極論かもしれませんが、たとえ売れない商品であっても、営業マンが誠心誠意努力していると別のところで何らかの突破口が生まれてくるものなのです。またお客様との話の中から、商品の改善のポイントや新商品開発の発想が生まれてくるのではないでしょうか。

　経営者は自分の会社の営業マンに対し、以下の理由から「営業マンは将来社長になるための勉強をしているのだ」と営業に誇りを持たせてください。

- ●営業マンは目標達成のため努力し、精神を鍛えられる
- ●営業で苦労すれば人間関係がうまくなる
- ●営業を経験していない社長は、一番ポイントとなる営業をする人間の気持ちを理解できない
- ●技術畑出身であっても、社長になったら自社の製品の売り込

みの先頭に立たねばならない場面が必ず来る

◎創業社長で成功している人はほとんど、優秀な営業マンです。たとえば現在総合セキュリティー企業で有名なセコム創業者の飯田亮氏は、社員4人（営業2名、ガードマン2名）で会社を創業し、自ら一日中ガードマンの派遣契約を売り歩いたそうです。それでも当時、自分の会社の警備を他の会社に依頼するという発想自体がなく、毎日20軒以上会社を飛び込み訪問してもまったく相手にされず、はじめて契約できたのは3ヵ月後でした。現在従業員2万人を超える大企業に発展した同社からは信じられないようなエピソードです。

◎松下電器創業者の松下幸之助氏が、大飛躍のきっかけとなったのは二股ソケットの開発でした。その頃の松下電器は、会社とは名ばかりで、3畳一間に土間しかなかったそうですから、若い頃の幸之助氏が自分の自転車の荷台に二股ソケットを積んで問屋へセールスに行ってもぜんぜん相手にされません。月々の支払いに追われ窮地に陥り、もう会社はやめようと思ったそうです。その頃、セールスに行っていたある会社から、「これだけプラスチックの加工ができるなら扇風機のハネもできるだろう」と大量の下請けの仕事が入ったそうです。幸之助氏は後年、あの時の注文がなかったら今の「松下電器」はなかったかも知れないと話していました。

◎アシックス創業者の鬼塚喜八郎氏は、自分の会社で作った運動靴を履いて、日本全国のスポーツ用品店を飛び込み営業してまわりました。多くの店主との雑談の中から、新商品開発のヒントを得たといいます。

Ⅱ　営業の新人を どう戦力化するか

　求人募集の広告を見ているとやたらに「経験者歓迎」という記載が目立ちます。確かに企業、特に中小企業にとって、即戦力は魅力があります。新人を採用すると、一人前にするのにかなりのカネと時間がかかり、昨今の不況下ではそれだけの余裕がないという企業は多いのではないでしょうか。
　ただ熟練工や経理、人事、総務といった専門的技能や知識を必要とする職種は別として、営業に関してはあながち「経験者」を限定する必要はないと思います。もちろん一部の営業の申し子のようなトップセールスマンは別です。ただ自らの能力の高さを売り物にして、高給与につられて会社を渡り歩くトップセールスマンは、プライドが高く、少しでも他の会社が好条件を出そうものならさっさと転職していってしまいます。また同じ業界の他社に長くいて、自分のお客様を掴んだまま転職してくる営業マンも、一時的には転職先の会社の売上アップに貢献しますが、長い目で見ると前の会社に迷惑をかけたのと同じように他社へ転職して行きかねません。それに大企業と比べて給与水準や福利厚生面でどうしても差が付かざるを得ない中小企業にとって、即戦力の優秀な営業マンを採用するのは難しい面があるのです。

営業に限って言えば、むしろ面接の段階で営業マンとしての素材のよさを見極められれば新人を採用し、自分の会社のトップ営業マンとして育てるほうが良い場合があります。

1　なぜ営業は新人でも可能性があるのか

①悪い癖や我流にとらわれていない
　　ベテラン営業マンは過去の自分の成功体験にとらわれ、いつまでもそのワンパターンを繰り返しがちです。それに対して新人は、先入観、固定観念にとらわれていません。時代はどんどん変革しつつあり、今の時代に合った営業方法を試行錯誤しながら切り開いていく必要があるのです。

②経験のある営業マンは、お客様を経験で選別する傾向がある
　　ある販売会社でかつてトラブルがあって社長の怒りを買い、長い間訪問禁止にされていた会社がありました。その会社を、過去の経緯を何も知らない新人営業マンが訪問し、商品を売ったそうです。先輩営業マンが驚いて新人営業マンに聞いてみると、トラブル後その会社の社長は、大人気なく訪問禁止にしたことをずっと悔やみ、今度訪問してきたら商品を買ってやろうと待っていたということでした。新人営業マンが訪問しなければ永久に取引は復活しなかったかもしれないのです。「断った客ほど狙い目」とよく言われるのは、ひどい断り方をしたお客様ほど心に負い目ができるからです。

③柔軟な頭脳や豊かな発想力がある
　　新人営業マンは、もちろん若い人が多いわけですから、今後購買層の中心となる若い世代と同じ視点からものをながめることができます。経営者にとって一番知りたいと思っている将来の自社の商品動向や若い世代への販売促進手法についてどんどん提案してもらうべきです。
　　東京の渋谷にある女子高生の声をモニターしている会社が急成長しているそうです。女子高生の新しい時代感覚が重要ということで、大企業のマーケティング担当者が情報を購入していると聞きました。経営者は自分の会社に若い柔軟な発想をどんどん導入すべきです。

④新人の特権はチャレンジ精神
　　新人に知識・経験がないのは当たり前です。中小企業にとって、とにかくやってみる、突っ走りながら考えるということも必要です。現在の一流大企業が中小零細企業だったときも積極的にさまざまな可能性にチャレンジしていきました。結果、失敗しても積極性から

生まれたミスは大きな財産になります。そのような財産の積み重ねが、ソニーや松下のような大企業を生んだのです。

　孔子の教えに「過ちて改めざる。これを過ちという」という言葉があります。失敗をしない、過ちを犯さない人間はこの世にいません。問題は失敗、過ちにどう対処するかです。そのためにはまず素直に過ち、失敗を認めること。それから二度と同じ過ちを繰り返さないためには、何をどう改めたら良いのかを考えることです。新人や素人にはそれらが抵抗なくできるメリットがあります。

　営業マンの採用面接のときは、知識や経験がなくても体力、気力、バイタリティが旺盛な人間を採用すべきです。ではそういう人間が採用できたとして、経営者は彼らをどう戦力化していったらよいのでしょうか。

2　新人営業マンの戦力化

　必要最低限の自社の商品、サービスについての知識が必要なのはもちろんですが、新人営業マンにとって一番大切なのは訪問件数です。ベテラン営業マンに勝つ新人営業マンは珍しくありません。その理由のほとんどは訪問件数がずば抜けて多いことです。彼らは新人として張り切っていますから、体力の続く限り指定された訪問先をまわります。仕事にマンネリを感じ始めたベテラン営業マンが喫茶店で休んでいる間もひたすらまわり続け、知識・経験が乏しい中でも成果を上げることができるのです。この点を明確にする営業成果についての有名な公式があります。

（営業成果）＝（営業技術）×（訪問件数）

　つまり営業の成果は、営業技術というスマートさと訪問件数という泥臭い努力の相乗効果が生み出すものです。

　当然新人営業マンは、営業技術が未熟ですから、とにかく訪問件数で勝負するしかありません。経営者が新人営業マンに最初に教えなければならないことは、とにかく人より訪問先を増やすということです。一番最初から成果を挙げるのは難しいでしょうから、経営者は最初の何ヶ月かは訪問件数だけを管理するというのはどうでしょうか。新人営業マンがまじめに指定された訪問先を数多くまわっていれば、成果は少しずつ上がっていきます。成果が上がればそれが自信となり、徐々に営業技術も蓄えられて戦力化していくのです。

　さて、新人営業マンにとって一番大事なのは、訪問件数である、と述べました。では取引先や見込先、飛び込み先でもかまいませんが、訪問先で新人営業マンはいったい何を話せばいいのでしょうか。経営者はそこまで手取り足取り教えねば戦力化は図れません。新人営業マンは商品知識や業界知識もあまりなく、むしろお客様の方が詳しいぐらいですから、当然低く見られます。あなた大丈夫？と馬鹿にされるかもしれません。こればっかりはどんなに背伸びしてもどうしようもないことです。だったらそれを逆手にとって、若くて未熟なことを武器にさせたらどうでしょうか。

第2章 営業システムを変える

3　未熟は武器に

　新人営業マンにとって、訪問先のほとんどの人が自分より年上です。だったら訪問先の人たちを先生と考え、何でも謙虚に聞かせるようにしたらいかがでしょうか。若い人に物を教えるということは、年上の人は皆好きです。毎年2月、3月になると新入社員が入ってくるのを待ち望んでいる中年社員は多いと聞きました。心理学の本にも『教訓本能』として、人は誰でも教えを乞う存在を常に待ち望んでいると書いてあります。『教訓本能』は、相手に優越感を味わえる機会のひとつで、逆にそれを満足させてくれる相手には非常に親しみを感じるそうです。ということは、新人営業マンは自然に、訪問先担当者の『教訓本能』を満足させてあげられるわけです。これをうまく利用しない手はありません。たとえば『教えてもらい魔』にさせるというのはどうでしょう。「新人でよくわからないので、この業界のことについて教えてください」とか「当社の商品について批評をお聞かせください」と新人に言われれば、仕方ない、教えてやろうという気持ちになる人は多いと思います。こういうことが続けばやがて可愛がられ、新人営業マンのファンが増えるはずです。大事なのは、しっかり訪問先の話を聞くこと、感謝の気持ちを持つこと、依頼されたことにはすぐ応えることです。その点をしっかり教えてください。

Ⅲ 経営者は「売る」ためのパターンを示そう

　売れない営業マンのパターンというのがあります。たとえば商品パンフレットの受け売りです。セールストークを聞いていても一本調子で何を言いたいのか全然伝わってこない。売りたいという気持ちはわかるのですが、商品に対するこだわりが感じられないケースです。

> IBM創立者のワトソンはこんなことを言っています。
> 「セールスのコツは、自分の製品が優秀だという信念を持つこと。そしてこの商品がお客様の役に立つということを心から思っているかである」

　また、かつて家電のCMで彼が出ればヒット間違いなし、と言われた人がいたそうです。彼はCMの出演を引き受けるとき、その会社の製品を自宅に持ってこさせ、2～3週間愛用し、自分がとことん納得しほれ込んでからCMに出演したそうです。理由は、たった数十秒のCMでも、消費者に対する説得力が違うからだそうです。
　夏が近くなると各ビール会社の宣伝競争が白熱します。やはり本当にそのビールにほれ込んで、おいしそうに飲んでいるタレントと

いうものはわかるものです。出演タレントによってビールの売れ行きに大きな差が出るというのもわかる気がします。

▶各企業のトップ営業マンは自分の扱っている商品にとことんほれ込んでいる

　自分が本当に良いと思わなければ、相手に自信を持って売り込めません。また彼らトップ営業マンに共通しているのは、自社の商品に対する信頼です。この素晴らしい信頼できる商品をお客様に是非わかってもらいたい。わかってもらうために我々が存在しているのだという使命感です。彼らは一様に、この商品を売ることが世の中のためになるとまで思っているのです。その思いがエネルギーとなり、営業の原動力となっています。

　経営者はその点をしっかりと踏まえ、自社の営業マンに「自分の言葉で自分の売っている商品を説明できるか」と問いかけてみる必要があります。

▶手作りの自己紹介・挨拶文チラシ

　営業というのは新規開拓や取引先の担当者が変わった場合など人間関係を築くのにかなりの時間を要するものです。最初は名刺の交換から始まりますが、あいにく名刺には会社名や役職などフォーマルな情報のみで、人と人とが打ち溶け合って親しくなるような情報、たとえば出身地や出身校、趣味などがほとんど記載されていません。何回か会ってお互い親しくなり、お互いのインフォーマルな情報を知り合うようになって初めて、人は親しくなっていくのです。それなら一番はじめに、こちらのインフォーマルな情報を紙に書いて、名刺とともに渡せば、相手との人間関係を築く時間を短縮できるのではないかと考えて作ったのがこの手作りの自己紹介・挨拶文チラシです。よくモノを売る前にヒトを売れ、と言いますが、まさにそれを意図したものです。この手作りチラシの一例と作り方を以下に紹介しましょう。

＜手作り自己紹介・挨拶文チラシの作り方＞

　①いかにもプロが作ったという色彩の豊富な凝ったものよりも、手作りの素朴なチラシの方がかえって目立ちます。

　②表題のコピーが重要です。簡潔にどういう商品なのか、どういうサービスなのかが一目でイメージできるようにします。あまり突飛

過ぎても意味が伝わりませんし、ありきたりのものでは興味を引かれません。誰でもわかる商品、サービスを少しひねったものがベターです。

すぐ効果が現れる、新人・若手ならではの手づくり挨拶文チラシ

〈手づくりチラシの成功事例〉
　・26歳の自動車セールスマン
　…担当地区の人に自分の存在を知ってもらうために、自己紹介のチラシを作る。
　自分の似顔絵、受けそうなプロフィール、「○○君の1日」というシリーズもののマンガにして、自分の仕事や断られたときの様子、失敗談などを書いて、毎日郵便受けに入れた。
　1週間それを続けたところで各家庭をまわり、「チラシでおなじみの○○です」と自己紹介、実績を上げた。

〈手づくりチラシの一例〉

折り目

キャッチコピー	〈会社概要〉
	・資本金　・設立年月日
	・主取引先　・取引銀行など
サービス・商品内容	〈代表者略歴〉
・　　　　　料金	(イラスト)
・_____	趣味・特徴
・_____	〈担当者略歴〉
・_____	(イラスト)
・_____	趣味・特徴
お気軽にお電話下さい	
会社名　　　担当者名	
住　所	
TEL　　　　FAX	

第2章　営業システムを変える

　個々にはありきたりでも、組み合わせると面白くなるものがあります。たとえば、リフォームのコンビニ、おもちゃの病院、カギの救急車などです。

③チラシに代表者や営業担当者の顔のイラストを入れると注目度が増します。人は、人の顔の形をしたものには無意識に注目してしまう傾向があるからです。

④チラシに売り込みの文章が多すぎるとかえってお客様の拒否反応が強くなります。お客様が商品、サービスを選択する場合の情報提供という形に徹した方が、いい結果が出ます。

⑤また売り込みの文章よりも、こちらで考えられるお客様のニーズを箇条書きにして、お客様自身が今まで気づいていなかったニーズを引き出せるような形にした方が、効果が上がる場合があります。

⑥商品、サービスの価値も重要ですが、それ以上にどのような会社がそれを売り、サービスの提供をしているのかが重要です。お客様に不安を与えないように、できるだけ会社の情報を客観的な数字で表すようにします。また社会的に名の通った会社との関連を説明できれば信用度が増します。

⑦上記との関連で、会社のどのような人が商品を売り、サービスの提供をしているのかがお客様に伝わるようにします。モノと同じく人を売るということで、経営者や担当営業マンの略歴、趣味等を簡潔に表します。

第3章

金融機関との付き合い方を変える

第3章　金融機関との付き合い方を変える

I　金融機関は中小企業のどこを見ているか

　多くの経営者の方と取引銀行についての話をすることがありますが、大体、経営者の六割近くが銀行に対して批判的な考えを持っているのではないかと思います。大都市へ行けば行くほどその比率は高まるのではないでしょうか。石原都知事が提案した銀行税も、銀行以外からは概ね好評を持って迎えられました。銀行に対してよく言われる言葉に「銀行は晴れの日は傘を貸すが、雨の日は傘を貸してくれない」というのがあります。確かにかつてバブル好況の晴天時に都市銀行を初めとする金融機関は頼まれもしないのに傘を押し付けていたということは否定できません。ある都市銀行は、企業の土地建物の登記簿謄本を片っ端から取り、不動産担保を設定することによって極度ローンの融資セールスを進め、業績を拡大していきました。企業の資金需要や業況、資金繰りなどを度外視してお金を貸し出したのです。

　たとえば親の代から50年間も印刷業を営んでいた会社は、たまたま土地があったために支店長の再三の訪問に根負けして1億円の極度ローンを設定しました。従業員3人の零細企業です。今まで1千万円以上の借り入れはしたことがありません。その

> 会社の経営者は借り入れの枠を設定しただけで、借りなければ利息を支払う必要はないと考えていました。ところがまた例の支店長が、せっかく借り入れの枠を作ったのだから是非借り入れしてもらいたいとやってきました。経営者が、別に印刷業は順調なので特に借り入れは必要ないと答えると、支店長は今値上がりしそうな株を知っているのでどうですか、と株の購入を勧めました。結果はもう皆さん良くご存知だと思います。経営者は極度ローン一杯の1億円で株を買い、その後のバブル崩壊で創業50年の会社ばかりか自宅を含めた資産すべてを失いました。

　これはほんの一例ですが、とくにこのような話は珍しくありません。日本中至るところで、いまなおバブル崩壊の後遺症を引きずっている会社、経営者は多いのです。
　ところがあのバブル全盛期でも数は少ないのですが、しっかりとした融資方針でのぞみ、今なお健全な経営で地域金融の発展に貢献し続けている金融機関もあります。金融庁の金融機関の監督権限の強化など、バブル当時なおざりになっていた融資姿勢がやっと長い時間をかけて本来の姿に戻ってきたと言えるのではないでしょうか。先日ある銀行の支店長に会って話を聞いたのですが、今は一昔前と違ってお金がだぶついてきており、銀行は企業に積極的に融資したくて仕方がないのだそうです。ところが、「融資したくても融資できる企業がない。別に赤字であっても、会社の将来性を見きわめる目を銀行員は持っていないわけじゃない。小粒でもピリッと辛いような特徴を持つ企業なら喜んで事業拡大に協力させてもらいたい」と話してくれました。
　では銀行は中小企業のどういうところを見ているのか、以下に述べたいと思います。

第3章 金融機関との付き合い方を変える

1 まず経営者です

　特に中小企業では経営者がすべてといってもいいのではないでしょうか。バブル全盛期でも、経営者の人柄、信用、経営姿勢という点にポイントをおいて審査していた金融機関は、不良債権で苦労しているところは少ないと言われています。逆に、決算書や担保条件のみで融資判断していた金融機関は焦げ付きで苦労しているケースが多いのです。では次に具体的なポイントについて見ていきたいと思います。

①経営者にバランス感覚はあるか

　自分の会社について、いろいろな視点から見ることができるかどうかです。たとえば技術畑出身の社長が、マーケティング度外視の商品企画を単に技術的な興味だけで採用していたら、会社は先細りしてしまいます。いろいろな視点から見ることのできる柔軟さがあって初めて、会社を取巻く外部環境の変化に対応できるのです。

②経営者に財務的素養はあるか

　これは別に、経営者が経理をできるかどうかというのではありません。もちろん、自分で帳簿をつけておられる経営者は、自社の財務的な問題点をよく理解されていると思います。ただこれは零細企業の例であって、従業員を10人も抱えてしまうと経営者のやる仕事はほかにもあるはずです。これは、会社のさまざまな長所、改善すべき点、問題点などが数字に裏打ちされて頭に入っているかどうかということです。たとえば新しい商品を売り出すためにセールスプロモーションをかけるとき、広告会社の言われるまま販促費をかけたのでは、もしそれが売れなかった場合、倒産の危機に直面することになります。あまりケチったのでは売れる商品も売れなくなってしまいますが、どの程度まで販促費をかけてもリスク回避できるのか、そのあたりの見極めは常日頃から会社の数字を頭に入れておかなければ判断できません。経営者にとって会社の実状が計数的に

頭に入っているかどうかということも大変重要なことです。

③経営者は人の話に耳を傾けることができるか

　中小企業の経営者にワンマンは多いと思います。しかしワンマンもいい面はいろいろあります。経営の意思決定は早いですし、何より経営責任が明確でバイタリティがありますから、会社が順調なときは思いもかけない急成長をみせるときがあります。現在大企業に発展している会社も中小零細企業だった当時は、ワンマン社長が従業員をぐいぐい引っ張って大きくしていったところが多いと思います。ただ経営者も人間ですから、完全ではありません。営業の得意な経営者、技術者出身の経営者、経理出身の経営者、いろいろなタイプの経営者がいると思います。自分にとってわからない点を謙虚に人に聞けるかどうかという点も経営者にとって大切です。またわからない点を補ってくれるのが部下である場合は、その部下をうまく使いこなしているかどうかということも重要なのです。

④経営者が正直かどうか

　経営者の中には銀行員の前で調子の良い話ばかりする方がいます。たとえば、この新商品が世に出れば年間○億円の売上は堅い、とか、海外の有名企業から格別の好条件で提携の話が来ているとかいったことです。これが本当なら何の問題もないのですが、銀行員はどうせ業界事情に疎いから口先でごまかしてやろうとかかるのはかえって逆効果になりかねません。銀行員は、いわゆる会社ウォッチャーのプロです。その会社が本当に儲かっているのか、本当に将来がバラ色なのか、といったことは、従業員、仕事場の活気、業界他社の動向、噂話、在庫状況などからわかるものなのです。経営者が会社の現在の状況に目をつぶり、バラ色の将来にばかり目を向けているということから、銀行員はその会社を警戒するようになります。銀行員も人間です。悪いところがあればかえって包み隠さず、経営者自ら客観的に分析し改善策を提示したあとで、それに対する意見を銀行員に求めた方が、経営者はそこまで自分を信頼してくれるのかと意気に感じるものなのです。経営者は正直であることが鉄則です。

2 次に従業員に目を向けます

　従業員にも銀行員は注意して目を向けています。なぜなら従業員は経営者を映す鏡だからです。従業員を見るポイントについて述べたいと思います。

①従業員に活気があるか

　これは述べるまでもないことですが、成長企業の従業員は見ていて活気があり、動作も機敏です。かつてある外食産業で、どこの店へ行っても従業員の私語があったり、挨拶の声が小さかったりしたことがありました。案の定その外食企業は、その後半年もたたないうちに倒産しました。従業員というのはことあるごとに経営者や上役を見ています。経営者に心配事があったりして活気がないと、すぐ従業員に伝染するものなのです。

②従業員の給料・ボーナスはどうか

　会社の業績はまず従業員のボーナス水準の変化となって現れます。メインバンクともなると毎年2回、賞与資金の融資を行うことになります。従って賞与の支給水準でまず銀行は会社の業況のチェックを行うことになります。また給料というのは、従業員にとって最大の「働く要因」です。それが同業他社に比べて格段に低い水準ならやる気のある人間にとって、転職や独立の引き金になりかねません。銀行員はその理由について疑問を持つことになります。

③各部署の連携は取れているか

　銀行員は会社や経営者との取引のみならず、従業員との取引も積極的に行います。給与振込やボーナス預金の獲得のため、仲が良くなっている従業員も少なくありません。そこからもさまざまな情報を収集しているのです。一番興味のあるのは、やはり従業員から見た経営者観、今後の業績の見通しだと思いますが、従業員同士の横

の連携が取れているかということにも気を配ります。各部署でそれぞれ話の内容がバラバラであれば、チームワークという点で問題が残ります。大企業と比べてさまざまな面で風下に立つ中小企業にとって、各セクション間で争いなどしている暇はありません。一枚岩になってチャレンジしていかなければ厳しい競争に生き残っていけないからです。もちろん労使関係にもしっかり留意しながら目を向けています。

3　中小企業の施設設備はどのように見ているのか

①企業体力に見合わない立派な事務所、工場、社長室にはシビアです

　　銀行員の特徴として他の業種の人たちと違う点は、物事をバランスシート的に見るといった点ではないかと思います。普通の人なら、ふかふかの絨毯に黒い革張りのソファー、マフォガニーのデスクの横には重厚な書棚があり、窓からは摩天楼や公園を見下ろすことができるといった社長室にただ感嘆の声を上げるだけなのではないでしょうか。もちろん銀行員もこの社長室が、ソニーや東京三菱銀行、NTTのトップの部屋であれば、無条件に感嘆すると思います。しかしこれがバランスシート的に見て、まったく企業体力に見合っていない会社の社長室であったとすれば話は別です。彼らは、この社長室を維持することがいったいいくらの利益になるのか、いくらの損失になるのかを瞬時に頭の中で計算して、怒るかあきれるかのどちらかになると思います。かつてある会社に訪問したとき、総面積10坪ほどの事務所の半分ほどのスペースを社長室にしているのを目にしました。社員10名ほどが半分の5坪の中にひしめき合っています。仕事場の動線からしてもあまりに非効率な印象を受けました。またバブル時代の過剰投資で、企業体力から見て立派過ぎる工場というのも銀行員は、我々が思っている以上にシビアな見方をします。よく経営者が、これが当社自慢の工場です、と言って自ら案内することがありますが、銀行員は立派な建物や機械設備よりもむしろ工場の稼働率や従業員の動きの方を見ていることがあります。「すごいですね」と口では言い、驚いて見せても割りと覚めた目で見ているのです。高価な設備投資をしたことによって会社の命取りになることはあまりに多いからです。

②やはり基本は社内の整理、整頓です

　　有名な話ですが、経営理念の中に掃除の精神を取り入れ、成長している会社があります。特にトイレ掃除にはひとつのこだわりと

言ったものが感じられ、幹部であっても便器の中に両手を入れ、慈しむように便器を磨き上げるのだそうです。さすがに銀行の融資審査マニュアルには書かれていないようですが、銀行員の中には昔から企業の信用を判断する条件の一つとしてトイレがきれいであることというのが言われてきました。事務所や工場にあまりお金をかけていなくてもきちんと整理整頓された会社というのは、経験的にもポリシーの感じられる良い会社であることが多いと思います。

4 その他、銀行員が中小企業を見ている点

①企業に大きな特色があるか

中小企業では、大企業のように他分野で特色を発揮するということはできません。何か大きな特色を持ち、その分野では大企業でも太刀打ちできないという中小企業は銀行にとって大きな魅力があります。ベンチャー企業で大きく伸びているのはこうした「オンリーワン」企業である場合が多いのです。

②取引先からの回収、集金システムは万全か

日本一のトップセールスマンが販売会社を作って爆発的な営業実績を上げたものの、売上金の回収をおざなりにしたために、開業1年後倒産してしまったそうです。回収、集金システムが不完全で倒産してしまう中小企業は意外に多いものです。お金を回収して初めて売ったと言えるのです。

③仕入先、販売先の安定性

商業手形の割引など銀行はかなり細かく信用照会をして取引先のチェックを行っています。業界内の噂話などにも耳をそばだてているそうです。

Ⅱ 中小企業経営者の金融機関とのうまい付き合い方

1 銀行からスムーズに融資を受けるコツ

　ある老舗の中小企業の経営者が取引先からの大口入金が３ヶ月も伸びてしまったために、銀行から借り入れを受けなければ資金繰りが付かなくなりました。ところが彼は、創業以来無借金経営でやってきたために、どうすれば良いのかわかりません。明日いよいよ銀行へ行って借り入れの相談をしようという時になって、その経営者は借り入れの心労と緊張のあまり病気になってしまいました。この話はうそみたいですが本当の話です。この病気になってしまった経営者ほどひどくなくても、銀行からお金を借り入れるのに抵抗のある経営者は多いのではないでしょうか。銀行の融資窓口の担当者は、大体20歳代後半から30歳代くらいの若手行員がほとんどです。別に彼ら個人からお金を借りるわけではないのですが、なんとなく彼らに頭を下げてお願いするような形になってきます。自分の会社の決算書を見られたりいろいろ聞かれたり、場合によっては経営についての意見を言われたりすることもあります。一度では用が済まず、何回か資料を届けさせられることもあります。ところが別の経営者

の中には、非常に難航が予想される借り入れ申し込みなのに、最初の一回だけの銀行への訪問で、すんなり融資が受けられるケースもあります。その違いは何なのでしょうか。スムーズに融資を受けるコツがあるのです。

▶銀行から融資を受ける秘策

①経営者本人が金融機関へ出向く

　もちろん決算、賞与資金や季節資金など通常の借り入れの場合は、熟練した経理担当者に任せておいても問題はありません。ただ会社の将来を左右する設備投資などの長期借り入れや赤字資金、減産資金など後ろ向きの借り入れの場合は、経営者が金融機関へ出向き、しっかりと説明する必要があります。そこで金融機関の担当者に対し、なぜ借り入れをしたいのか、どれくらい借り入れたいのかを自らの言葉で熱意を持って語るのです。

　銀行員は、経営者の力量や性格、経済情勢への見極めなど常に見ています。経営者は日頃から、自分の仕事だけにとらわれず、広い見地で経済情勢の変化や一般教養などを身につけておく必要があります。

②事業計画書を作成し、それを数字に基づいて説明できるようにする

　何度も申し上げますが銀行員の傾向として、会社を数字でつかもうとするところがあります。いくら経営者が抽象的な言葉を並べて会社の将来像を述べ立てても銀行員はそれをイメージできないのです。事業計画書をきちんと用意し、それを数字に基づいて現在の会社の現状や借入必要額、投資効果、返済計画が無理のないものであることを説明できるようにしておく必要があります。

③自分の会社の将来性について説明する

　経営者は誰しも自分の会社の未来像について大きな夢を持っていると思います。それを熱っぽく銀行員に語ったらどうでしょうか。たとえば、「5年後、10年後、うちの会社はこうなっています、なぜならば現在このような計画が着々と進展しているからです」とい

うことをやはり数字の裏づけのもとに説明するのです。銀行員は誰しも、自分の担当先の大飛躍を願っています。よし、それなら俺もこの経営者に協力して一肌脱ぐか、という気持ちにさせることが大切です。

④資金使途を明確にする

　銀行サイドから見た貸し出しの３原則という言葉があります。その一は、なぜ貸し出しするのか、その貸し出しをすることによってその会社はどのような効果がでるのか。その二は、返済は無理なく確実にできるのか。その三は、もし何かあった場合担保や保証人などの保全はとれているのか、です。以上の３原則の中で、借り入れ申し込みをする経営者に銀行員が一番初めに尋ねるのは、資金使途です。物事は最初が肝心といわれますが、ここがしっかりと答えられないとその時点でこの借り入れは頓挫してしまいかねません。銀行員は、稟議書ファイルにさまざまな資料を綴じこみ、時系列的に管理しています。従って返済計画や担保などの保全はある程度予測することができます。ただ資金使途は、自分でイメージすることができないとき、根掘り葉掘り聞くことがあります。貸し出したお金が当初の目的どおり使われなければ、担当者の責任を問われることにもなりかねないからです。経営者は、担当者の不安を解消するために、できれば資金使途の証明資料を提示し、今なぜ当社は借り入れをする必要があるのかを率直に銀行の担当者に説明することが大切です。

⑤返済計画を明らかにする

　銀行に借り入れ申し込みをするとき、できれば返済計画書を作って持参したらどうでしょうか。ある銀行員から聞いたのですが、自分で作って持ってくる人はまったくといっていいほどいないそうです。彼はこれがあると非常に助かると話していました。一番大切なポイントなのに、あまりしつこく経営者に尋ねると、「お宅の銀行はうちの会社がそれほど信じられないのか」と気分を害する人がいるそうです。経営者は、借入希望額に対してそれがどれくらいの期間で返済できるのか、毎月いくらなら無理なく返済できるのか、やはり数字に基づいてしっかり説明する必要があります。

2　銀行員とのうまい付き合い方

　銀行員とのうまい付き方といっても特に肩に力を入れる必要はないと思います。銀行の融資担当者のところへは、お中元やお歳暮の時期になると取引先企業からさまざまな贈答品が届くそうですが、別に贈らなかったからといって不利益になることはありません。かつてはそういうこともあったかもしれませんが、バブル崩壊以来、銀行の方針として金銭や贈答品、接待を受けるということを規制するようになって来ました。昨今は、銀行の行員同士、残るか外に出されるかということで生き残りゲームのような状態になっているところもあって、マイナス査定になるようなことにはピリピリしています。特に借り入れ申し込みに先立って接待したり、何かを贈ったりということは、逆効果になりかねませんのでやめるべきです。
　しかし銀行員も人の子です。やはり自分のひいき筋には良くしてあげたいと思うのが人情というものです。世の中には銀行員をうまく利用して、さまざまなメリットを得ている会社も数多くあります。

▶銀行員との付き合い方のポイント

①嘘やできもしないことは言わない

　社会生活の中で、嘘も方便としてやむを得ない場合もあります。ただ銀行との付き合いで一番大切なのは信用、信頼関係です。間に金銭が介在しますから、一度や二度、担当者をだませてもそれが発覚した場合は、信用はガタ落ちになります。ひとつの嘘があると、すべてが嘘ではないかと勘ぐられることにもなりかねません。またできもしないことをその場の勢いで言ってしまって、後でやっぱりできず信用を失うことはよくあります。銀行員は、経営者との会談の重要事項はしっかり日誌に書き、支店長や上司に報告していますから、話の内容には十分注意すべきです。

②担当者を無視して支店長や上司に借り入れの申し込みはしない

　よく経営者の中で、支店長とウマが合い担当者を素通りして支店長室で歓談している人がいます。その場で、支店長に借り入れの申し込みをしてOKをもらうこともあるようです。ただこのことほど融資担当者を嫌な気分にさせることもないのではないでしょうか。銀行の貸出審査は、支店長の決裁だけで融資できることもありますが、それは金額や融資期間、担保条件などに細かな制約が設けられています。大きな借り入れ申し込みのほとんどは、後で述べるように本店の審査部で決裁されます。担当者は、融資の決裁をもらうときに本店の審査担当者と融資条件についてさまざまなやり取りをしなければなりません。支店長方針と審査部の方針の間に立って、担当者は板ばさみの苦労を味わわされることも少なくないのです。そのことで逆恨みをされ、支店長が転勤（担当者よりも支店長の転勤のサイクルは短いのです）したあとで仕返しをされるということもないわけではありません。また、一般的に銀行員はプライドの高い人が多いので、前任者との比較も禁物です。

③担当者の成績になるよう協力する

　銀行員にはさまざまなノルマがあります。融資担当者だからといって、貸し出しの審査のみしていれば良いというのではなく、新規取引先や定期預金の獲得、また最近は外貨預金や投資信託の獲得といった収益にダイレクトに結びつくような項目を重点的に、ハッパをかけられるようになってきたそうです。このほかにも、従業員の給与振込の指定口座やボーナス定期の作成、積み立て定期、当座預金の平均残高のアップなど担当者にとってやらなければならないことはきりがありません。担当者が困っているとき助けてくれた会社は、逆に助けてくれと頼まれたときには容易に断れないものです。お中元やお歳暮、接待にお金を使うよりははるかに銀行員は恩義に感じます。しかしだからと言って、銀行員からの依頼にその都度応えていたのではたまりません。ただ、どうせ依頼に応えなければならないのでしたら、このようにしたらいかがでしょうか。銀行員に対し、「じゃあやってあげるから、その代わりにこれをやってくれない？」とバーター的な交渉は非常に有効です。内容にもよりますが、

銀行にはさまざまな情報が集まります。たとえば、「販売先を見つけてくれ」「もっと良い仕入先はないか」「どこかにいい工場用地はないか」「自社ビルの遊休部分をどこかに貸したい」など銀行のお手の物の情報収集分野はいくつもあります。このようなことを依頼しても当然金融機関は無料で動いてくれる訳ですから、どんどん利用すべきです。たとえ金融機関が「いい情報が見つけられない」とバーターを断ったとしても、それはそれで銀行に貸しを作ったことになるのです。中小企業は、お金を借りる以外にも銀行をどんどん利用すべきです。

④金融機関の行事に簡単な差し入れをする

　金融機関にも社員旅行や運動会などといったリクリエーションは数多くあります。そんなときに会社名で飲み物やお菓子などを差し入れると意外に喜ばれるものです。支店長や担当者個人にモノを贈るというのではなく、金融機関へ贈るわけですから抵抗なく受け入れてもらえるのです。支店のバス旅行などではよく、「どこそこの会社から差し入れをいただきました。皆さん今度社長に会ったらお礼を言っておいてください」とマイクで発表されるそうです。ただ支店の旅行やリクリエーションというのは、銀行員自ら宣伝することはないので、担当者と仲良くなって日頃からいつあるのかと教えてもらえるような関係になっておく必要があります。

3 借り入れ枠を増やす方策

　現在、各金融機関の体力差は大きくなってきており、同じ会社でも借り入れ枠を増やしてくれる銀行もあれば、今ある借り入れを減らしてくれないかと言ってくる銀行もあるそうです。会社の信用のあるなし以前に、銀行の事情（不良債権で身動きできないなど）に負うところが大きく、一概には言えないのですが、借り入れ枠を増やす方策として、以下のものがあげられます。

▶借り入れ枠を増やす秘訣
(1)現在の借入金が滞りなくきちんと返済されていること
　　一度でも延滞が発生すると枠の増加は厳しくなります
(2)取引実績が長いこと
　　上記と関連して、5年、10年と、毎月滞りなく返済しているのは大きなアピールポイントになります
(3)担保があり、その価値が十分であること
(4)保証人、特に信用ある連帯保証人がいればベスト
(5)借り入れ枠の増加が金融機関のメリットとリンクしていること
　　取引先企業の成長によって預金や融資、従業員取引の拡大が見込まれればベターです
(6)借り入れ枠の増加理由が業績のアップとリンクしていること
　　現在の厳しい金融環境の下では、赤字の埋め合わせなど後ろ向きの理由では借り入れは難しいと思われます。

4 上手な金利交渉の方策

　かつて銀行の取引先企業に対する金利決定基準は、安全性、取引状況、将来性、他行動向、政策的配慮、期間など総合的に判断して決められていました。つまり実質金利と言って、企業ごとに貸出取引の収益性、融資効率を比較検討する方法です。そこでは当座預金や定期預金といった預金残高が金利決定に大きな影響を持っていました。ただ最近、これらに加え「リスク対応金利」と言って、金融機関が企業へ融資するリスクを貸出金利の中に織り込んでいこうという考えが広まってきています。つまり決算書から企業を、財務体質やキャッシュフローで格付けし、それによって金利を決定していこうとする発想です。昔のように金利を引き下げてもらいたければ銀行の収益になるようにたくさん預金を預けるということも大事ですが、それだけではだめなのです。書店のビジネス書のコーナーへ行けば、キャッシュフロー経営や財務分析の本がたくさん並んでいると思います。それらの本の中には、流動比率や固定比率など、さまざまな利益率を利用した財務分析手法が紹介されています。これからはそういった数字によって自分の会社が金融機関に格付けされ、基本的にはその枠の中で貸出金利が決められていくのです。経営者は財務分析のアウトラインだけでもよく理解し、対策を立てていく必要があります。

5 取引金融機関の選び方

　会社を運営していく上において金融機関を利用しないでやっていくのはもはや不可能だと思います。どこの会社にも必ずメインバンクはあるはずです。よく零細企業が、大手の都市銀行とだけ取引しているケースがありますが、預金取引だけならまだしも融資取引も考えているのならどうでしょうか。やはり、「鶏口となるとも牛後となるなかれ」ということは当てはまると思います。もちろん都銀のメリットは数多くありますが、地方銀行、信用金庫は地域にしっかり根付いており、上得意先としてさまざまな地域情報を提供してくれるというメリットがあります。零細企業であっても力を蓄え大きく成長していけば、都市銀行のほうから頭を下げてやってくるのです。以下に取引金融機関の選び方についてまとめてみました。

(1) **借り入れだけにとどまらず、さまざまな点で提案してくれること**
　先に金融機関は情報の宝庫であると述べましたが、それに基づいた提案は大きな価値があります。不良債権が少なく余裕のある金融機関は、目先の利益を追わず、取引先中小企業の発展とともに自らの業績を伸ばしていこうと考えるものです。

(2) **会社から近く、経営基盤が安定しているところ**

(3) **融資に対する姿勢が明確で決定が早いところ**

第3章　金融機関との付き合い方を変える

Ⅲ　金融機関はこのように貸出審査をする

1　借り入れ申込み書類にはどのようなものが必要か

　借り入れに伴う必要書類は金融機関ごとに多少のばらつきはあるようです。しかし会社を審査するポイントは変わりありません。以下に、ある金融機関の借り入れ申込みに必要な書類を書き出してみました。これは今まで申込金融機関に取引がない、新規顧客としての一例です。多少提出しなければならない書類が多いのは、設備資金といった長期借り入れを念頭に置いたものであるからです。ただ、簡単な借り入れ申し込みであっても、初回申し込みでこれだけの書類を提出できれば、金融機関サイドから見てかなり計画性のあるしっかりした会社だという評価をもらえるはずです。積極的に資料を提出されて嫌がる担当者はいません。また資料は、数字を並べるだけでなく、テーマをはっきりさせて数字と文章で説明することが大切です。あとこの他に、決裁が下り融資を実行するとき、銀行取引約定書や融資の種類によって手形や金銭消費貸借契約証書などが必要です。

(1)決算書（2期分）
(2)試算表（前回の決算から日が空いているとき）
(3)会社経歴書、商品カタログなど
(4)資金繰り表
(5)資金使途の証明資料
(6)資金計画、返済計画などの計画資料
(7)担保物権の概要
(8)他行預貸状況（○日時点の他行の預金と貸金の残高）
(9)会社商業登記簿謄本
(10)担保物件の不動産登記簿謄本
(11)印鑑証明書（会社と代表者が連帯保証人で入る場合は代表者個人の印鑑証明書）

2 金融機関からの借り入れの種類とそれに対するチェックポイント

　以下に金融機関からの主な借り入れの種類をあげてみました。この他に事業性のローンや最近それぞれの金融機関で新しい融資の試みも行われているようですが、基本的には以下にあげたものが今なお主流となっています。

(1) **商業手形（手形割引）**

　一般の会社が商取引の代金として受け取った手形を、金融機関が利息を差し引き、買い取ることによって貸し出す方法です。これは最も簡単に借り入れができる方法で、一般の会社に多く利用されています。手形を振り出した会社と手形を割り引く会社の二社が保証するので一見、金融機関は安心のようですが、実は事故も多く、手形の銘柄や依頼人の買い戻し能力にかなり神経をすり減らして信用調査をしています。金融機関サイドから見た手形割引をチェックするおもなポイントは以下の通りです。

(a) 融通手形を排除するために、割り引く手形が正常な商取引（商品の売買、請負代金、加工賃など）の決済のために振り出されたものかどうか
(b) 手形の支払人の信用は確実か
　　相手銀行の融資担当者に文書や電話で確認を取ります
(c) 不渡りを起こした場合、割引の依頼人の買い戻し能力に問題はないか
　　決算内容、手形割引の残高推移、決済手形の動向、持ち込み日や持ち込み手形の銘柄変動にも注意を払っています

(2) **手形貸付**

　これは一般に短期の融資によく使われる方法で、受取人が金融機関となっている手形を振り出させて、その手形を割り引くことによって貸し出す方法です。返済は原則として一括返済、利息は前払いですから、借り入れ金額は支払う利息の分だけ少なくなります。主に決算資金、つなぎ資金、季節資金に使われることが多いようで

す。金融機関サイドから見た手形貸付のチェックポイントは以下の通りです。

(a)返済方法を期日一括返済とした場合は、期日管理を確実におこなうこと。不注意による期日流れをおこさない。
(b)最初から手形の書き換えをねらったコロガシ融資は避ける

(3)証書貸付

これは一般に長期の融資によく使われる方法で金銭消費貸借契約証書、つまり金融機関との間に契約書を取り交わして借り入れをする方法です。返済は分割返済になることが多く、契約書の中に借入期間や返済日、返済条件など細かい取り決めをします。金融機関サイドから見た証書貸付のチェックポイントは以下の通りです。

(a)返済期間の設定にあたっては、取引先の返済能力の判定を的確に行い、無理のない期間の設定を行なう
(b)証書欄の記載は必ず借入人本人がし、商業登記簿謄本、住民票、印鑑証明書との照合は欠かさず行う

(4)当座貸越

これは当座預金が赤字になっても、一定限度額まで金融機関が支出してくれる契約をあらかじめ結んでおき、当座預金が不足したときにも払い出してくれるものです。つまり当座預金の残高がマイナスになった部分だけ借り入れをする方法です。手形の不渡りを起こすのではないかと心配して、常に当座預金の残高をチェックするという不安から開放されるメリットもあります。しかし、金融機関とこの契約を結ぶのは容易ではないようです。取引実績や信用、担保条件、業況などかなり厳しく審査され、一度契約を結んだあとも契約の更新時には再度審査されます。

(5)代理貸付

政府系金融機関（国民生活金融公庫、中小企業金融公庫など）や商工中金などの融資を金融機関が代理店になって受ける方式です。金利が安いということと返済が長期分割返済、おまけに利息が後払いなので負担が少なくて済むというメリットがあります。

3　金融機関の支店決裁と本部決裁、二つの方法

　借り入れる側から見た両者の大きな違いは、借り入れ申し込みから融資を受けるまでの期間です。支店決裁は支店長専決権限といって支店長に融資の可否を委ねるわけですから、支店の担当者が稟議書を書き、それに支店長が印鑑を押せばもう融資が可能になります。それに対して本部決裁は、稟議書を金融機関の本部に送付して、それを審査部担当者や審査部長が審査し認可しなければ、融資の実行ができません。難しい融資の案件の場合は、支店と審査部の間で電話やFAXを使って厳しいやり取りが行われます。当然融資の実行まで時間がかかり、申し込みをした会社はイライラしながら待つといったことになります。支店決裁と本部決裁とを分けるポイントは、各金融機関がそれぞれ独自に定めているので一概には言えません。しかし概ね以下のポイントを重視して定められているようです。

⑴　借り入れ申込額が支店の貸し出し限度額を超えているか否か
⑵　担保が借入額に対して十分か
⑶　借り入れ金利が支店に許されている金利を下回っていないかどうか
⑷　借入期間が長期に及ぶ場合
⑸　決算書上２期連続して赤字になっていないかどうか

第4章

助成金活用で経営合理化

I 補助金、助成金とはなんだ

　補助金、助成金は、一口で言えば、一定の条件を満たすことによって国や公共団体から支給される資金です。原則として返済する必要はありません。
　国や公共団体が現在、力を入れて進める政策や方針、たとえば雇用促進や研究開発、新規創業などを積極的に行う企業を支援するための施策だからです。支給元は、厚生労働省・経済産業省・国土交通省といったところがあり、都道府県、財団法人の補助金、助成金もどこかの監督官庁から委託されていることがほとんどです。また、管轄により基本的な助成金の対象が異なります。
　たとえば厚生労働省は、主に従業員の雇入れ・教育、労働環境の改善といった従業員に係わることを対象とした助成金を扱い、経済産業省は、主に研究開発や新規創業、新分野進出などを対象とした助成金を扱っています。
　先日、テレビや新聞で、中小企業の経営者に「現在事業を行っていくうえで一番頭を悩ましていることは何なのか」と言うアンケートの結果が取り上げられていました。てっきり昨今の金融機関の「貸し渋り」や「貸し剥がし」で苦しめられている経営者の口からは、金銭面で一番頭を悩ませていると言う答えが返ってくると思ってい

ました。ところが今一番中小企業の経営者が頭を悩ませているのは「ヒト」の問題だそうです。

　企業経営の3要素は「ヒト」「モノ」「カネ」であると言うのは、経営者で知らない人はいない言葉だと思いますが、これだけ不況で雇用環境が悪化し、雇用の「買い手市場」の中にあっても中小企業の経営者は「ヒト」の問題に頭を悩ませているのです。どれほど「モノ」「カネ」が潤沢であっても、それを使うのは「ヒト」です。こういう時代にあっても経営者は優秀な人材の確保にいつも頭を悩ませているのではないでしょうか。

第4章　助成金活用で経営合理化

1　こういう時代だからこそ優秀な人材を確保しよう

　幸い、国や公共団体の政策や方針によって、雇用関係の補助金や助成金は過去例がないほど充実してきています。この章では、中小企業の経営者が現在一番利用しやすいと思われる厚生労働省が管轄している労働関係の補助金、助成金に絞って紹介したいと思います。

▶補助金、助成金とは自分のお金

　補助金・助成金の財源はいったい何なのでしょうか。厚生労働省の助成金は、雇用保険の中でも雇用三事業と言われる分野で実施されています。雇用三事業の助成金は、政府の一般会計からではなく労働保険特別会計を主たる財源としています。
　つまり厚生労働省の助成金は、現在大部分の企業が支払っている労働保険料によって成り立っているのです。ですから助成金をもらうということは、支払った保険料を返してもらうと言うことです。国から頂くという性質の資金ではないのです。逆に言えば、助成金をもらっていない企業は、もらっている企業に労働保険料の一部を支払っていると言えるのかもしれません。これらの制度を利用しているのは、中小企業といっても実際は大企業といっていいような企業がほとんどです。不公平だと言う気がします。

▶なぜ助成金を十分活用する企業が少ないのか

　まず考えられるのは、助成金と言う制度があまり知られていない、ということがあげられます。中小企業経営者にとって接点があまり無いのです。
　また、本来は勧めてしかるべき取引先金融機関の担当者も、補助金、助成金を中小企業に勧めても自分たちにとってあまりメリットは無いので、何も言いません。成績にならないばかりか、返済する必要のないお金を調達されては商売にならないからです。もっとも、疑い深く書きましたが、銀行員も補助金、助成金の制度をよく知らないと言うのが実状のようです。
　社会的に十分認知されておらず、知り合いの会社ももらっている

ところが少ないので、最初から受給できないとあきらめている経営者が多いのではないでしょうか。しかし労働関係の助成金は、さほど敷居が高くありません。受給できる会社は数多くあるはずです。それではどのようなものがあるか、これから個々にご紹介したいと思います。

2　新・雇用調整助成金

　この助成金は平成13年10月に大きく生まれ変わりました。この助成金は、景気の変動、産業構造の変化等に伴う経済上の理由で、事業活動の縮小を余儀なくされ、休業、教育訓練または出向を行った事業主に対して、休業手当、賃金または出向労働者に掛かる賃金負担額の一部を助成し、失業を防止する目的とするものです。
　つまり事業規模の縮小により、従業員の雇用維持が厳しくなった企業を対象に、解雇という形を取らないよう1．**出向**、2．**休業**、3．**教育訓練**に助成金を供給しようとするものです。

★受給できる事業所の主な要件★
①雇用保険が適用される事業所であること
②生産量などの事業活動を示す指標の最近6ヶ月間の月平均値が前年同期に比べ10パーセント以上減少していること
③雇用保険被保険者数による雇用量を示す指標の最近6ヶ月間の月平均値が前年同期に比べ増加していないこと
④出向、休業または教育訓練を行い、出向労働者の賃金や休業手当、教育訓練費の一部を負担できること
（※以上の条件に合致していなくてもこの助成金は、別の要件を備えていれば受給できる場合があります。詳しい点は、お近くのハローワークへお尋ねください）
　それでは企業が以上の条件を満たしているとして、出向、休業、教育訓練のそれぞれのケースについて見ていきたいと思います。

1．出向の場合の主な要件
①出向期間が3ヶ月以上であること
②出向期間中の賃金が、出向前の賃金と同じ額であること
③労使間の協定によるものであること
④出向従業員の同意を得たものであること
⑤出向の終了後6ヶ月以内は、再度同じ従業員を出向させないこと
⑥雇用調整を目的としない出向や交換をしあうだけの出向でないこと

　助成対象になるのは、自社に籍を置きながら他社で働く「在籍出向」と出向先に籍を移して働く「移籍出向」です。また1年以内に

出向元に復帰することも条件になっています。
（助成額）
　　大企業が賃金の2分の1、中小企業は賃金の3分の2で、最大1日1人当たり10,704円が限度。
　　※中小企業基本法が定める「中小企業」の範囲については図をご覧ください。我が国の企業数の99パーセントが中小企業に該当します。

■中小企業基本法が定める「中小企業」の範囲

	改正前	改正後
製造業その他	資本金1億円以下または従業員数300人以下	資本金3億円以下または従業員数300人以下
卸売業	資本金3000万円以下または従業員数100人以下	資本金1億円以下または従業員数100人以下
小売業	資本金1000万円以下または従業員数50人以下	資本金5000万円以下または従業員数50人以下
サービス業	資本金1000万円以下または従業員数50人以下	資本金5000万円以下または従業員数100人以下

※中小企業金融公庫法では、政令によりゴム製品製造業は資本金3億円以下または従業員数900人以下、旅館業は資本金5000万円以下または従業員数200人以下、ソフトウェア業・情報処理サービス業は資本金3億円以下または従業員数300人以下を中小企業としている。

■小規模企業者の定義
（小規模企業者の定義は、改正後の中小企業基本法においても、従来どおり）

製造業その他	商業・サービス業
従業員20人以下	従業員5人以下

（助成期間）
　　最大100日

(手続)
　出向労働者が出向を開始する日の2週間前までに、「出向実施計画届」および出向協定をした書面（写し）、出向契約書（写し）をハローワークへ届けることが必要です。

2．休業の場合の主な要件

①労使間の協定（休業協定）によるものであること
②所定労働日のまる1日、または所定労働時間内に対象労働者全員に対して一斉に1時間以上休業を与えるものであること
③休業の延べ日数が所定労働延べ日数の20分の1以上であること（大企業は15分の1）
※「休業」とは従業員がその会社において、働く意思と能力があるにもかかわらず働くことができない状態を言います。

(助成額)
　1日1人当たり厚生労働大臣が定める方法により算定した額の3分の2（中小企業）、大企業は2分の1。最大1日1人当たり10,704円が限度。

(助成期間)
　原則100日以内。ただ次の条件に該当する事業主には200日以内まで支給されます。
①厚生労働大臣が指定する大型倒産会社の下請事業主
②認定港湾運送事業主
③厚生労働大臣が指定する業種に属する事業主またはその下請事業主

(手続)
　休業を開始する前日までに、休業協定をした書面（写し）を添えて、休業実施計画届をハローワークに提出します。

3．教育訓練の場合の主な要件

　これは休業期間中、従業員に技能、技術、知識を習得させるため教育を行う場合、教育訓練用の「訓練費」を助成するものです。
①就業規則等に基づいて行われる教育訓練ではないこと
②所定労働時間内に、まる1日にわたって行われるものであること
③訓練内容について知識または技術を持っている指導員により実施されるものであること

④事業主自ら事業所内で実施する場合は、通常の仕事と区別して行うこと。また事業所外で行う場合は雇用・能力開発機構などの公共の施設で行うこと

（助成額）
　　1日1人当たり厚生労働大臣が定める方法により算定した額の3分の2（中小企業）、大企業は2分の1。最大1日1人当たり10,704円が限度。このほかに1日1人当たり訓練費として1,200円が加算されます。

（助成期間）
　　100日以内
　　※手続は、休業の場合と同じです。

3 中小企業雇用創出人材確保助成金

　中小企業や個人の事業主が創業や異業種進出または経営革新を行い、新たに従業員を雇い入れたときに助成するものです。経営革新計画については本章9の「使いやすい経営革新支援法」で説明してありますのでご覧ください。

（助成要件）
(1)創業あるいは創業してから間もない企業
(2)新分野あるいは異業種進出のための改善計画について都道府県から認定を受けた企業
(3)中小企業経営革新支援法の認定を受けた企業
(4)新分野、異業種進出のために、必要な設備が300万円以上掛かること

（助成額と助成期間）
　雇い入れた労働者の6か月分の平均賃金に相当する額の4分の1。助成期間は6ヶ月。

（手続）
　新分野進出あるいは経営革新計画を開始して6ヶ月以内に雇用・能力開発センターを経由して都道府県に届けを出して認定を受け、新たに雇い入れる前日までに雇用・能力開発機構センターへ申請書を提出し、認定を受けます。

4 中小企業高度人材確保助成金

　この助成金は、創業、異業種進出のため、新たに技術者・専門家を雇い入れる場合、その高度人材の平均賃金の一部を助成するというものです。「高度人材」とは、1人以上3人以下で、主な分類は(1)経営戦略の企画を担当できる者、(2)製品、技術の開発を担当できる者、(3)経営戦略の企画に必要となる高度な専門的知識を有する者です。詳しい範囲は図をご覧ください。

■助成の対象となる「高度人材」とは

「高度人材」の分類	「高度人材」の範囲
経営戦略の企画を担当できる者	(1)人事管理、経理・財務、営業・販売、商品開発、生産管理等、経営戦略に関わる企画業務について、高度な専門知識を有する者(具体的には、課長職または課長職担当以上の職階に3年以上従事していた者) (2)経営戦略の企画を行なうために、高度の管理責任を有する職務に、相応の待遇で受け入れられる者(具体的には、課長職または課長職相当以上の職階に年収420万円以上〔特別給与を除く〕の報酬で受け入れられる者)
製品・技術の開発を担当できる者	科学技術系の大学教育課程を修了し、またはこれと同等以上の専門的知識を有し、かつ製品・技術開発、生産管理、技術指導の業務に3年以上従事していた者
経営戦略の企画に必要となる高度な専門的知識を有する者	弁護士、弁理士、公認会計士、中小企業診断士、税理士、社会保険労務士のいずれかの資格を有する者

(助成額と助成期間)
　　一企業3人までの平均賃金に相当する額の3分の1。助成期間は1年間。
(手続)
　　前項の中小企業雇用創出人材確保助成金とほぼ同じ内容の手続となります。

5　中小企業雇用創出雇用管理助成金

　　前項の中小企業雇用創出人材確保助成金を受給できる事業主が、従業員を募集するにあたって、採用に関するパンフレットの作成、ホームページの作成、就業規則の策定、雇用管理に関するマニュアルの作成等に関するコンサルタントへの委託など雇用管理改善事業を行なった場合にその費用の一部を助成するものです。

（助成対象）
　(1)新分野進出計画、経営革新計画の認定を受けること
　(2)新規雇用を前提に行った雇用管理の改善に掛かった費用が30万円以上であること

（助成額）
　　雇用管理の改善に掛った費用の3分の1。ただし100万円が限度。

（手続）
　　前項の中小企業雇用創出人材確保助成金とほぼ同じ内容の手続となります。ただ多少、申請書の内容、添付書類等は異なりますので、詳しくは雇用・能力開発機構センターへお問い合わせください。なお、雇用創出人材確保助成金とこの雇用創出雇用管理助成金は、一緒に受給することができます。

第4章 助成金活用で経営合理化

6　高年齢者の能力を活用するための補助金、助成金

　　先日NHKで90歳を越える現役の技術者が取り上げられていました。感心したのは、単に会社で仕事をするだけにとどまらず、どんどん新しい発想を出して若手技術者に問題を提議していく事でした。豊富な経験に裏打ちされた独創的発想が、今企業で求められているのではないでしょうか。単に肉体的な面のみで高齢者の雇用に二の足を踏むという考えはもはや時代遅れになっています。総務省や厚生労働省の調査によると、平成12年から平成27年までの間に、15～59歳の年齢層が人口に占める割合は61.8%から54.6%へ7.2ポイント（953万人）低下し、60歳以上は23.4%から32.6%へ9.2ポイント（1,138万人）増加すると見込まれています。また労働力人口は、平成12年から平成27年までの間に、15～59歳の年齢層が610万人も減少する一方、60歳以上は415万人増加すると見込まれています。少子高齢化社会が現実のものとなってくる中にあって、中小企業は高年齢者の雇用を真剣に考えなければならない時期がすぐそこまで来ているのではないでしょうか。

▶定年になった従業員の雇用延長などの場合に受けられる助成金

　　以下に述べる3種類の助成金は、60歳の定年を定めている企業が61歳以上の年齢まで継続雇用する制度（定年延長等）、または65歳以上の年齢まで継続して雇用する制度（定年延長等以外の継続雇用制度）を設けた場合、助成するものです。
　平成14年5月1日以降に継続雇用制度を導入し、継続雇用制度奨励金（第Ⅰ種第Ⅰ号）の申請をする事業主については、次の継続雇用制度が適用されます。〈平成14年4月26日、社団法人愛知県雇用開発協会で行なわれた、高年齢者雇用アドバイザー業務打合せおよび行政との連絡会議資料より〉

◎継続雇用制度の内容
　　（イ）定年延長等
　　　　次のa又はbのいずれかにより、61歳以上の年齢まで雇用する

制度を設けたこと。
a　定年の引上げ
b　定年前と同一又はそれ以上の労働条件（労働時間、賃金制度等）を適用する（※）再雇用制度、勤務延長制度又は在籍出向制度
(ロ) 定年延長等以外の継続雇用制度
　上記（イ）のbを除く再雇用制度、勤務延長制度又は在籍出向制度により、65歳以上の年齢まで雇用する制度を設けたこと。

> ①　定年の引上げ
> 　　定年を61歳以上の年齢に引き上げることにより、当該引上げ前の定年を超える年齢の者を当該引上げ後の定年に達するまで雇用する制度。
> ②再雇用制度
> 　　定年後も継続して雇用されることを希望する者を、定年により退職した日の翌日から起算して7日以内に再び雇い入れ、一定の期間毎に雇用契約を更新することにより、中断することなく継続して雇用する制度。
> ③　勤務延長制度
> 　　定年後も継続して雇用されることを希望する者を定年に達した後、一定の期間毎に雇用契約を更新することにより、中断することなく継続して雇用する制度。
> ④　在籍出向制度
> 　　定年後も継続して雇用されることを希望する者について、一定の要件を満たす在籍出向により雇用を継続させ、出向契約に基づき、出向先事業所に対して出向期間中の賃金について補助を行う制度。

> （※）具体的には、定年前と労働時間が同じで、定年前に適用されていた就業規則上の賃金体系と同一の賃金体系を定年後も適用する制度です。
> 　　なお、労働協約又は就業規則により、再雇用もしくは勤務延長後も定年前と「労働条件が同一又はそれ以上」である旨明記されていること等が必要です。

第4章　助成金活用で経営合理化

①継続雇用制度奨励金（第Ⅰ種第Ⅰ号）

　継続雇用制度の導入および定着を促進するため、定年の延長等の継続雇用制度を導入もしくは改善を行った事業主に支給されるもので、最高5年間で1,500万円が支給されます。

（助成要件）
(1) 雇用保険が適用される事業所であること
(2) 労働協約または就業規則により61歳以上の年齢への定年引上げ等を行ったこと、または希望者全員を65歳以上の年齢まで雇用する継続雇用制度（再雇用、在籍出向等）を設けたこと
(3) (2)の制度導入から1年以上前に、労働協約または就業規則により60歳以上の定年を定めていること
(4) 継続雇用制度を導入した日に、1年以上継続して雇用されている55歳以上65歳未満の常用被保険者（短期雇用特例被保険者および日雇労働被保険者を除く被保険者）が1人以上雇用されていること

（助成額）
　助成額は、下表のように企業の規模や導入した継続雇用制度の内容によって異なります。

（単位：万円）

制度の内容 継続雇用期間 企業企業規模	①61～64歳 定年延長等 1～4年	②65歳以上 定年延長等 1～5年	③定年延長等以外の 継続雇用制度 1～5年
1人～　9人	35×1～4年	45×1～5年	30×1～5年
10人～99人	75×1～4年	90×1～5年	60×1～5年
100人～299人	150×1～4年	180×1～5年	120×1～5年
300人～499人	185×1～4年	220×1～5年	150×1～5年
500人～	250×1～4年	300×1～5年	200×1～5年

　なお、導入した継続雇用制度の内容が、表の①と③の組合せである場合には、「定年延長等」により引き上げた部分は①の額が、それ以外の部分は③の額が支給されます。

②多数継続雇用助成金（第Ⅱ種）

この助成金は、一定要件の高年齢者が従業員全体の15％を超える事業主に対して、1人当たり月額2万円が加算されるものです。前記の継続雇用制度奨励金を受給できることが条件です。

（主な助成要件）
(1)継続雇用制度奨励金の受給事業主であること
(2)1年以上雇用されている従業員のうち、60歳以上65歳未満の従業員の雇用割合が15％を超えていること

（助成額と助成期間）
　中小企業の場合、助成額は1人当たり月額2万円（大企業の場合は月額1万5千円）。ただしパートなどの短時間労働者は、それぞれ月額、1万円と7,500円になります。助成期間は最高5年。

③定年延長等職業適応助成金（第Ⅲ種）

前記、継続雇用制度奨励金の「定年延長等」を実施した事業主が、それを円滑に進めるための講習、相談等に要した費用の一部を助成するものです。

（助成要件）
(1)継続雇用制度奨励金の受給事業主のうち、第Ⅰ種Ⅰ号にあっては「定年延長等」を実施した事業主であること
(2)45歳から引き上げ後の定年等の年齢に達するまでの従業員（常用被保険者）に対して、定年延長等の円滑な運営のために実施する講習・相談を行う「定年延長等職業適応計画」を作成し、それに基づき講習・相談を実施した事業主であること

（助成額）
　認定を受けた計画に基づく講習・相談の経費の4分の3（大企業は3分の2）。限度額は、1人当たり年間35万円（大企業は25万円）。

　以上3種類の助成金とも、窓口は各都道府県の高年齢者雇用開発協会です。そこを経由して財団法人高年齢者雇用開発協会へ支給申請書を提出します。

7 従業員の能力開発のための補助金、助成金

　どこの企業も従業員の教育訓練には頭を悩ませているようです。特に従業員一人一人のスキルアップが至上課題の中小企業にとってその悩みは尽きないようです。しかし教育にはある程度の「カネ」と「時間」がかかり、先行投資的な意味合いもありますから、なかなか思うに任せないと言うのが現状ではないでしょうか。そこでここでは、従業員に対する教育訓練やキャリアアップの機会を提供することにより助成される「キャリア形成促進助成金」に絞って取り上げたいと思います。この助成金には５つの種類があります。そのアウトラインをご紹介しましょう。残念ながら、５つの助成金の助成要件を個々に述べていくだけのスペースがありませんので割愛させていただきますが、共通する助成要件は以下の通りです。詳しい点は、雇用・能力開発機構センターへお問い合わせください。

（キャリア形成促進助成金の主な助成要件）
　(1)雇用保険が適用される事業所であること
　(2)労働組合等の意見を聞いて、「事業内職業能力開発計画」およびこれに基づく「年間職業能力開発計画」を作成していること
　(3)職業能力開発推進者を選任していること

①訓練給付金
　これは雇用する従業員に対し計画に基づいた職業訓練を行う場合、訓練に要した費用や、受講期間中に支払った賃金の一部を助成するものです。

（助成額と助成期間）
　自社内で行う場合、社外で行う場合、それぞれ訓練に要した費用の３分の１（大企業の場合４分の１）が、１人１コース５万円まで助成されます。さらに職業訓練期間中の賃金は、以下の計算式の額が、最高150日を限度に助成されます。
職業訓練受講日数×平均賃金日額×0.8×１／３
　　　　　　　　　　　　（大企業の場合１／４）

②職業能力開発休暇給付金
　従業員の申し出により、企業が休暇を与えて教育訓練を受けさせた場合、その訓練に要した費用や受講期間中に支払った賃金の一部

を助成するものです。

(助成額と助成期間)

教育訓練の受講および職業能力評価の受検に要した費用の3分の1（大企業の場合4分の1）が、1人1コース5万円まで助成されます。さらに教育訓練に係る休暇期間中の賃金は、以下の計算式の額が、最高150日を限度に助成されます。

休暇日数×平均賃金日額×0.8×1／3
　　　　　　　　　（大企業の場合1／4）

③長期教育訓練休暇制度導入奨励金

企業が連続1ヶ月以上の休暇を与えて教育訓練を受けさせる制度を導入した場合に助成し、またその制度による休暇取得者が発生したときにも助成するものです。

(助成額)

長期休暇制度を導入した場合30万円（最初の休暇取得者が発生した場合のみ1回限り助成）。また休暇取得者が発生した場合、休暇取得者1人につき5万円（**20人を限度**）。

④職業能力評価推進給付金

これは雇用する従業員に対して、厚生労働大臣が定める職業能力評価を受けさせた場合に、職業能力評価に係る費用およびその期間中の従業員の賃金の一部を助成するものです。職業能力評価とは、職業に必要な技能およびこれに関する知識についての検定のことです。

(助成額)

職業能力評価の受検に要する経費の3／4。さらに、評価期間中の従業員の賃金は、以下の計算式の額が助成されます。

職業能力評価受講日数×平均賃金日額×0.8×3／4

⑤キャリア・コンサルティング推進給付金

従業員が自分の希望により、職業能力開発を効果的に行えるよう、専門的な知識を持つキャリア・コンサルタントのコンサルティングの指導を受ける機会を与える場合、その費用の一部を助成するものです。

(助成額)

助成額は、専門機関からの派遣費用の2分の1です。またこの給付金は、1事業所1回のみの支給で、限度額は25万円です。

第4章　助成金活用で経営合理化

8　中小企業創造活動促進法にチャレンジ

■中小企業創造活動促進法の体系図

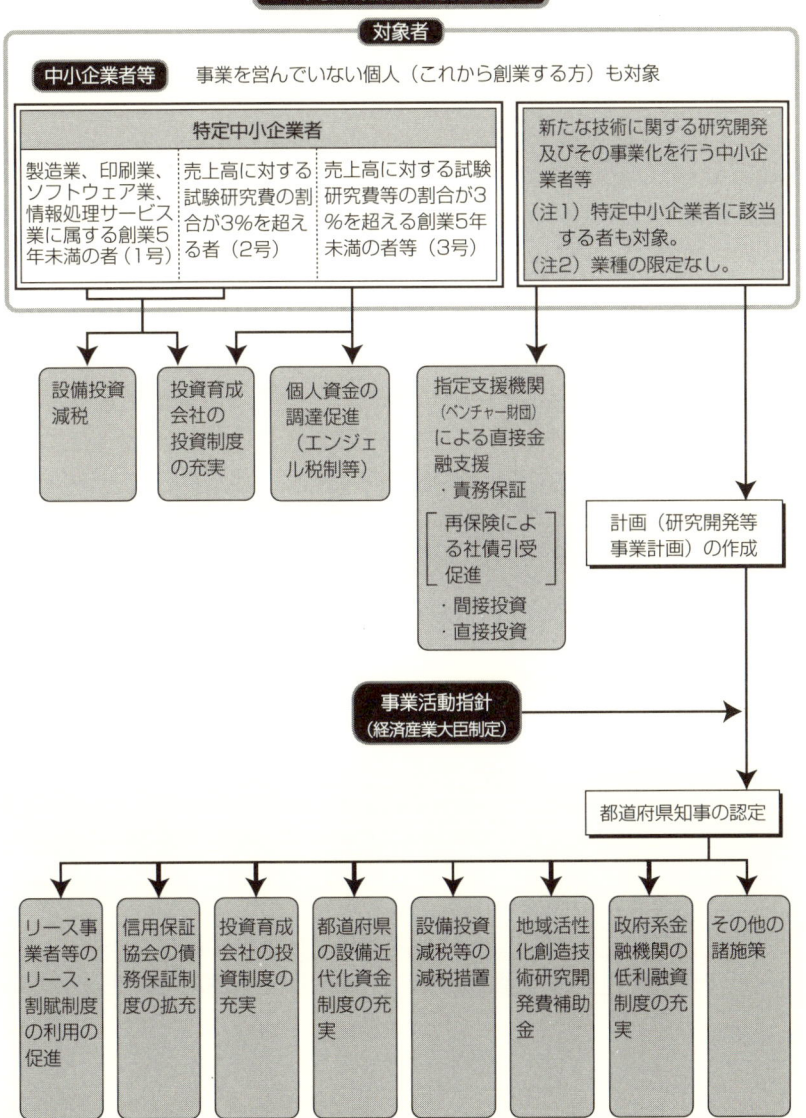

```
                    中小企業創造活動促進法
                          対象者

    中小企業者等  事業を営んでいない個人（これから創業する方）も対象

    ┌─────────────────────────────────┐  ┌──────────────────┐
    │           特定中小企業者              │  │ 新たな技術に関する研究開発│
    ├──────────┬──────────┬──────────┤  │ 及びその事業化を行う中小企│
    │製造業、印刷業、│売上高に対する│売上高に対する試験│  │ 業者等                │
    │ソフトウェア業、│試験研究費の割│研究費等の割合が3│  │（注1）特定中小企業者に該当│
    │情報処理サービス│合が3%を超え│%を超える創業5年│  │   する者も対象。       │
    │業に属する創業5│る者（2号）  │未満の者等（3号）│  │（注2）業種の限定なし。  │
    │年未満の者（1号）│          │              │  │                    │
    └──────────┴──────────┴──────────┘  └──────────────────┘
```

- 設備投資減税
- 投資育成会社の投資制度の充実
- 個人資金の調達促進（エンジェル税制等）
- 指定支援機関（ベンチャー財団）による直接金融支援
  ・債務保証
  ［再保険による社債引受促進］
  ・間接投資
  ・直接投資

→ 計画（研究開発等事業計画）の作成

↓ 事業活動指針（経済産業大臣制定）

↓ 都道府県知事の認定

- リース事業者等のリース・割賦制度の利用の促進
- 信用保証協会の債務保証制度の拡充
- 投資育成会社の投資制度の充実
- 都道府県の設備近代化資金制度の充実
- 設備投資減税等の減税措置
- 地域活性化創造技術研究開発費補助金
- 政府系金融機関の低利融資制度の充実
- その他の諸施策

105

「中小企業創造活動促進法」は、創業や研究開発・事業化を通じて、新製品、新技術、新サービス等を生み出そうとする中小企業やこれから創業しようとする個人を支援する目的で作られました。平成7年7月に施行された法律で、平成16年までの時限立法です。正式には「中小企業の創造的事業活動の促進に関する臨時措置法」といい、平成16年までですので、あまり時間は残っていませんが、中小企業にとってこの法律の認定を受けた場合、あとに述べるさまざまなメリットが受けられる可能性があります。対象企業は、チャレンジしてみて損はない制度だと思います。

　この法律による支援を受けるためにまず知っておかなければならないことは、支援を受けるためには二つの段階を経る必要があるということです。

第一段階　都道府県知事所定の「研究開発等事業計画に係る認定申請書」を作成して申請し、都道府県知事の事業認定を受けることが必要です。

第二段階　支援を受けたい事項ごとに所定の申請を行い、審査を受けることになります。

　第一段階の事業認定だけでは、第二段階のさまざまな支援を確実には受けられないケースもあります。ただ第一段階の事業認定をうけておくと、支援制度の審査に有利になります。また企業の評価が高まるため、金融機関からの融資を受けやすくなるというメリットもあるのです。

　さて、対象者は、「すべての中小事業者およびこれから事業を創業しようとする者（事業を営んでいない個人）」となっていますが、この中でも「特定中小企業者」と「新たな技術に関する研究開発およびその事業化を行う中小企業者等」は優先されます。この法律における「特定中小企業者」の定義は、以下の通りです。

①製造業、印刷業、情報処理サービス業、ソフトウエア業に属する創業5年以内の者

②売上高に対する試験研究費の割合が3％を超える者

③売上高に対する試験研究費の割合が5％を超える創業10年未満の者

　さらにこれらの対象者のうち、「著しい新規性を有する技術に関する研究開発、研究開発成果の利用（事業化）、事業化のために必要な

第4章　助成金活用で経営合理化

需要の開拓」を行っている者が認定対象になり、事業計画の目標が「新たな事業分野の開拓につながるもの」であることが求められています。上記の「著しい新規性を有する技術」に関しては、以下の点が審査対象になります。

①従来にない技術の要素が付加されているか。すでに実用化されている技術や簡単な改良ではないか。
②新技術導入にあたって技術的課題があり、その解決のための方策が適切なものであるか。

（申請の手続）

以下の書類を各都道府県の商工部などに提出します。なお所定の「認定申請書」は、各都道府県の商工課などで配布しています。またインターネットのホームページからダウンロードできるところもあるようです。

①「認定申請書」および「事業計画の概要」
②法人の場合
　⑴「登記簿謄本」または「定款」
　⑵最近2営業期間の決算報告書
③個人の場合
　⑴住民票
　⑵今後予定する事業内容と事業用資産の概要を記載した書類
④その他添付資料
　特許、実用新案、研究論文、技術解説、研究データ、図面等

（認定を受けるメリット）

では次に、中小企業創造活動促進法の認定が受けられた場合どのようなメリットがあるのか、簡単ですが以下に主なメリットについてあげたいと思います。

①設備投資減税等の減税措置
②投資育成会社の投資制度の充実
③新株の引受権（ストックオプション）の特例付与
④リース事業者等のリース・割賦制度の利用の促進
⑤信用保証協会の債務保証制度の拡充
⑥公的金融機関の低利融資
⑦補助金の交付

以上のうち、⑥と⑦について少し詳しく見て行きたいと思います。公的金融機関の低利融資ですが、この法律の認定を受けると、地方

自治体の別枠の融資制度や中小企業金融公庫、国民生活金融公庫、商工組合中央金庫などからの融資制度が受けやすくなります。たとえば中小企業金融公庫の「革新技術導入促進資金」は、7億2千万円（運転資金だけだと2億5千万円まで）まで貸し出しています。ただし、「中小企業創造活動促進法」の審査とは別に、各金融機関の審査があります。また⑦の補助金には2つの種類があります。一つめは「創造技術研究開発費補助金」で、国（経済産業省）が行っているものです。これは開発規模が比較的大きく、事業が2つ以上の都道府県にわたって行われる場合には、便利な制度です。補助金額は、100万円から4,500万円までで、補助率は2分の1。二つめは、「地域活性化創造技術研究開発費補助金」で都道府県が中心になって行っているものです。これは地域の地場産業を支援するもので、地方の中小企業が技術開発を行うとき利用できます。またこれには、試作開発の「ものづくり枠」と新たな販路開拓のための「取引多様化枠」もあり、補助金額は、一般的技術開発が100万から3,000万まで、ものづくり試作枠が100万円から1,000万円までとなっています。補助率は、3分の2。

　以上の補助金の交付の対象となる技術開発の主な内容は以下の通りです。

①製品の開発、機械・器具または装置の高性能化のための新技術。物資または材料の開発利用のための新技術
②ソフトウエア、情報処理の開発のための新技術
③生産、加工または処理のための新技術。システムまたは工法の開発のための新技術
④都市開発のための新技術
⑤廃棄物処理、リサイクル、環境改善のための新技術

第4章　助成金活用で経営合理化

9　使いやすい中小企業経営革新支援法

■中小企業経営革新支援法の体系図

目的：中小企業の自助努力を基本とする経営革新支援及び経営基盤強化の支援の実施

基本方針：経営革新支援に関する基準の策定

経営革新計画
- 内容：中小企業が、単独で又は共同で、必要に応じた組合や共同出資会社等を用いつつ、新商品の開発、生産、商品の新たな生産の方式の導入その他の事業活動を実施することを通じて、相当程度の経営の向上を図ること。
なお、計画には、経営向上を示す指標を盛り込むものとする。
- 計画作成主体：中小企業者、グループ等

経営基盤強化計画
- 内容：競争条件の著しい変化、環境又は安全に係る規制の著しい変化、貿易構造の著しい変化等により、業況の悪化が見られる業種（特定業種）に属する中小企業が経営基盤を強化するための対応を図ること。
- 計画作成主体：特定業種に属する商工組合等

中小企業者、グループ等 → 経営革新計画を作成 → 承認

商工組合等 → 経営基盤強化計画を作成 → 承認

各種支援策

中小企業者、グループ等	商工組合等
・低利融資制度	・低利融資制度
・中小企業信用保険の特例	・中小企業信用保険の特例
・機械設備投資減税	・機械設備に関する割り増償却
・欠損金繰戻還付特例制度	・組合等に係る試験研究税制　等
・組合等に係る試験研究税制	
・補助金　等	

109

「中小企業経営革新支援法」は平成11年9月に施行された法律で、これは前記の「中小企業創造活動促進法」とは違い期限は設けられていません。この法律は、中小企業やそのグループが、新商品の開発、商品の新たな生産方式の導入などを通じて経営の向上を行うことを目的として作られました。現在中小企業は、経済環境の変化や環境、安全に係る規制の著しい変化、貿易構造の著しい変化といったさまざまな問題にさらされています。このような変化に対し、中小企業の経営基盤の強化を支援し、国民経済の発展に資するというのがこの法律の趣旨です。対象企業は経営革新を目指して経営基盤の強化を図ろうとする中小企業で、特に業種の指定はありません。現在営んでいる業務に、新商品や新サービスの開発など、新たな試みを付加するだけで支援を受けられる可能性があるので、企業の中には前記の「中小企業創造活動促進法」より使えるケースがあるのではないでしょうか。

　この法律の支援を受けるためには、対象企業は「経営革新計画」を立て、それが事業活動の向上に大きく寄与するかどうか認定を受けなければなりません。

（以下の項目について数値目標を立てる必要があります。）
　　①新商品の開発または生産
　　②新役務（サービス）の開発または提供
　　③商品の新たな生産方式または販売方式の導入
　　④役務（サービス）の新たな提供方式の導入

　この「新たな取り組み」に関しては、支援を受けようとする中小企業にとっての「新たな取り組み」であって、他の企業がすでに取り入れているような技術や方法であっても構いません。この法律の趣旨が、あくまでその企業の経営基盤の強化を支援するものであるからです。「経営革新計画」の計画期間は3年から5年の間で、その間、企業全体または従業員1人当たりの付加価値額（営業利益、人件費、減価償却費を合計したもの）の向上を目指した計画を立てる必要があります。その数値目標としては、3年の場合は合計で9％、4年の場合は12％、5年の場合は15％以上のアップとなることが求められます。

　この法律も「中小企業創造活動促進法」と同じく2段階の手続を経ることになります。まず、都道府県担当部局へ問い合わせ、必要書類の作成、準備をすることになります。申請に当たっては「計画

承認申請書」「経営革新計画書」「定款」「最近2営業期間の決算報告書」等が必要です。(詳しくは都道府県の担当部局へお問い合わせください) そして申請、認定されたのち、第2段階として各支援施策を受けるための申請をすることになります。

(中小企業経営革新支援法の認定のメリット)

　以下に主なメリットについてあげたいと思います。
①設備投資減税等の減税措置
②投資育成会社の投資制度の充実
③リース事業者等のリース・割賦制度の利用の促進
④信用保証協会の債務保証制度の拡充
⑤公的金融機関の低利融資
⑥補助金の交付

　以上のうち、⑤と⑥についてもう少し詳しく見ていきたいと思います。公的金融機関の低利融資には、以下のものがあります。ただしこれらも「中小企業経営革新支援法」の審査とは別に、各金融機関の審査があります。

　●国民生活金融公庫「中小企業経営革新等支援貸付」
　　融資額7,200万円(運転資金は4,800万円)まで。金利は2.2%
　●中小企業金融公庫および商工組合中央金庫
　　「中小企業経営革新等支援貸付」
　　融資額7億2,000万円(運転資金は4億8,000万円)まで。金利は2.2%

また各都道府県も別枠の融資制度を用意しています。

　⑥の補助金としては「中小企業経営革新支援対策費補助金」があります。これは、都道府県内で事業を行う企業を対象に、承認された「経営革新計画」に従って実施される新商品や新サービスの開発、市場調査、販路開拓、人材養成を行う経費を補助する制度です。補助の対象は、中小企業はもちろんのこと、中小企業同士任意で作ったグループや組合でも可能となっています。補助金額は、中小企業で最高2,000万円。補助率は、必要な経費の3分の2です。

Ⅱ 中小企業の経営合理化を支援する機関

1 財団法人高年齢者雇用開発協会

▶所在地
〒100-0004
東京都千代田区大手町1丁目2番3号　三井生命本社ビル2F
ホームページアドレス　http://www.assoc-elder.or.jp/

▶業務内容
・企業に対する相談・援助の実施
　　高年齢者雇用アドバイザー、再就職支援コンサルタント等高年齢者の雇用問題に関する専門家による相談・助言その他援助活動を実施しています。
・企業診断システムの開発・運用
　　企業における高年齢者の雇用環境の整備を援助するために各種の企業診断システムを開発し運用しています。
・企業に対する研修・講習の実施
　　高年齢者等の雇用問題についての理解と認識を深めるため、事業主等の方々を対象に、各種の研修・講習を、また、退職後の生

活に円滑に対応するためのセミナー等を実施しています。
・啓発広報活動の実施
　　雇用促進大会、雇用フォーラム、雇用開発コンテスト等を中心に、高年齢者の雇用開発について企業等に対する啓発広報活動を行っています。
・助成金・奨励金の支給
　　高年齢者等の雇用の推進を図ることを目的として、事業主の方に助成金・奨励金を支給しています。
・調査・研究の実施
　　高年齢者の継続雇用のための条件整備をすすめるため、実践的調査研究を実施しています。
・企業に対する情報・資料の提供
　　高年齢者等の雇用開発に関する情報及び資料を総合的に提供しています。

職域開発業務の実施
　産業別高年齢者雇用推進事業、高年齢者職場創造調査研究事業及び事業主との共同研究を実施しています。
・キャリア交流プラザ事業の実施
　　中高年ホワイトカラー求職者の早期再就職支援事業を実施しています。

　高年齢者の継続雇用に関する援助等についてのお問い合わせは、最寄りの都道府県高年齢者雇用開発協会までお願いします。

2　都道府県雇用開発協会

▶各都道府県雇用開発協会は高年齢者の雇用を進めるための環境づくりに関する相談・助言や企画立案サービス並びに企業の雇用管理責任者等の方々に対し、高年齢者の雇用創出や継続雇用制度導入のための研修及び講習会を開催しています。また、定年退職予定者等が退職後の生活へ円滑に移行できるようセミナー及び研修会も開催しています。

・高年齢者雇用アドバイザー制度とは
　経営・労務コンサルタント、中小企業診断士、社会保険労務士、学識経験者等専門的かつ実務的な知識や経験を有するアドバイザーが、次のような相談・企画立案に応じています。

① 相談、助言をアドバイザーが具体的かつ実際的に行います。

〔概要〕
① 定年延長を含む継続雇用に伴う人事管理制度の整備に関する事項
② 継続雇用に伴う賃金・退職金制度の整備に関する事項
③ 継続雇用に伴う職場改善・職域開発に関する事項
④ 継続雇用に伴う能力開発に関する事項
⑤ 継続雇用に伴う健康管理に関する事項
⑥ その他高年齢者の雇用問題に関する事項

〔費用負担〕
無料です。（協会が負担）

② 企業が継続雇用を行うに際して下記の事項の企画案をつくります。

〔概要〕
① 人事管理制度
　例・職能資格制度の導入

　　　　・能力評価システムの導入
　　　　・職務基準・職能要件の明示
　　　　・専門職の養成
　② 賃金・退職金制度
　　例・賃金カーブの修正
　　　　・年功給から職務・職能給への移行
　　　　・退職金算定方式の修正
　③ 職務再設計・職場改善
　　例・職場開発、職務開発
　　　　・作業施設の改善
　　　　・安全体制の整備
　④ 能力開発・健康管理
　　例・研修体制の確立
　　　　・人員の適正配置
　　　　・労働条件の改善（短時間就労、フレックス制度）
　　　　・健康管理体制の整備

〔費用負担〕
必要経費の2分の1（残金は協会が負担）。

3 企業診断システム

〔概要〕
　企業における高年齢者の雇用を阻害している問題点を捜し出し、労務管理の改善の手がかりを得るコンピューターによる簡易診断システム。
企業診断システムの種類
　企業診断システムには、領域別に4つのシステムから構成されています。

1. 職場改善診断システム

　このシステムは、「高年齢者が現役として意欲を持って仕事に取り組む」ためには、低下した機能を補うような工夫をすることが有効である、という積極的な考え方に基づき、企業における職場環境な

どの現状をチェックし、高年齢者の継続雇用を進めるに当たって「どのような問題点があるか」、また「問題点をどのように改善すればよいか」を診断し、高年齢者が働きやすく、しかも効率的な職場環境を整備する手掛かりを提供するシステムです。

2．健康管理診断システム
　このシステムは、企業の健康管理全般についての考え方やその実施状況などをチェックすることにより、企業としての健康管理上の問題点を整理し、従業員にとって安全で健康的な職場づくりのための改善策、更には健康増進のための支援策についての手掛かりを提供するシステムです。

3．教育訓練診断システム
　高齢化に対応した従業員の能力維持・向上を図るためには、「企業としてどのような能力を必要としているか」を明確にし、企業内の現有能力の実態を把握した上で、企業内教育の必要度を診断すると共に、今後重点的に取り組むべき教育訓練実施の方向性についての手掛かりを提供するシステムです。

4．人件費・賃金分析診断システム
　このシステムは、総人件費の将来予測や経営指標の分析、各種経営指標を基にした総人件費と経営計画との調整、企業内の賃金水準や賃金格差を検討する基礎資料を作成すると共に、高齢化に対応した賃金総額予測に関するシュミレーションを行うシステムです。

〔費用負担〕
診断料は無料。

第4章　助成金活用で経営合理化

都道府県協会連絡先

名称	郵便番号	所在地	電話番号
(社)北海道雇用促進協会	065-0024	札幌市東区北24条東1-3-18 サンライフ札幌	011-753-3631
(社)青森県高年齢者雇用開発協会	030-0861	青森市長島2-1-2 新藤ビル3F	017-775-4063
(社)岩手県雇用開発協会	020-0023	盛岡市内丸16-15 内丸ビル505号	019-654-2081
(社)宮城県雇用開発協会	980-0011	仙台市青葉区上杉1-5-15 日本生命仙台勾当台南ビル2F	022-265-2076
(社)秋田県雇用開発協会	010-0951	秋田市山王3-1-7 東カンビル7F	018-863-4805
(社)山形県雇用対策協会	990-0023	山形市松波4-5-5 黒井産業ビル2F	023-625-0588
(社)福島県雇用開発協会	960-8034	福島市置賜町1-29 佐平ビル805号	024-524-2731
(社)茨城県雇用開発協会	310-0011	水戸市三の丸1-1-42 茨城教育会館6F	029-221-6698
(社)栃木県雇用開発協会	320-0033	宇都宮市本町4-15 宇都宮NIビル8F	028-621-2853
(社)群馬県雇用開発協会	371-0026	前橋市大手町2-6-17 住友生命前橋ビル3F	027-224-3377
(社)埼玉県雇用開発協会	336-0011	さいたま市高砂2-1-2 駒崎ビル3F	048-824-8739
(社)千葉県雇用開発協会	260-0013	千葉市中央区中央4-8-1 千葉フコク生命ビル7F	043-225-7071
(社)東京都高年齢者雇用開発協会	112-0002	文京区小石川2-22-2 小石川和順ビル2F	03-5684-3381
(財)神奈川県雇用開発協会	231-0026	横浜市中区寿町1-4 かながわ労働プラザ7F	045-641-7522
(社)新潟県雇用開発協会	950-0087	新潟市東大通1-1-1 三越プラザー共同ビル7F	025-241-3123
(社)富山県雇用対策協会	930-0029	富山市本町3-21 安田火災富山ビル5F	076-442-2055
(社)石川県雇用対策協会	920-0864	金沢市高岡町2-40 金江ビル5F	076-222-3606
(社)福井県雇用開発協会	910-0005	福井市大手3-1-1 明治生命ビル3F	0776-24-2392
(社)山梨県雇用開発協会	400-0031	甲府市丸の内2-2-3 第11浅川ビル8F	055-222-2112
(社)長野県雇用開発協会	380-8506	長野市南県町1040-1 日本生命長野県庁前ビル6F	026-226-4684
(社)岐阜県雇用開発協会	500-8384	岐阜市藪田南1-1-12 岐阜県水産会館2F	058-272-3251
(社)静岡県雇用開発協会	420-0853	静岡市追手町1-6 日本生命静岡ビル2F	054-252-1521

(社)愛知県雇用開発協会	460-0008	名古屋市中区栄2-10-19 名古屋商工会議所ビル6F	052-219-5661
(社)三重県雇用開発協会	514-0004	津市栄町3-143-1 笠間第2ビル2FC室	059-227-8030
(社)滋賀県雇用対策協会	520-0044	大津市京町4-4-23 安田生命大津ビル4F	077-526-4853
(社)京都府高年齢者雇用開発協会	604-0845	京都市中京区烏丸通押小路一条殿町552 明治生命京都ビル9F	075-222-2637
(社)大阪府雇用開発協会	541-0048	大阪市中央区瓦町3-5-7 大阪歌和ビル10F	06-6204-0051
(財)兵庫県雇用開発協会	650-0024	神戸市中央区海岸通2-2-3 サンエービル3F	078-332-1091
(財)奈良県雇用開発協会	630-8115	奈良市大宮町6-7-3 新大宮第5ビル5F	0742-34-7791
(社)和歌山県高年齢者雇用対策協会	640-8137	和歌山市吹上2-2-32 東洋ビル2F	073-425-2770
(社)鳥取県雇用開発協会	680-0835	鳥取市東品治町102 明治生命鳥取駅前ビル3F	0857-27-6974
(社)島根県雇用促進協会	690-0826	松江市学園南1-2-1 くにびきメッセ6F (島根県立産業交流会館)	0852-21-8131
(社)岡山県雇用開発協会	700-0907	岡山市下石井2-1-3 岡山第一生命ビル10F	086-233-2667
(社)広島県雇用開発協会	730-0013	広島市中区八丁堀16-14 第二広電ビル7F	082-512-1133
(社)山口県雇用開発協会	753-0051	山口市旭通り2-9-19 山口運送(株)ビル3F	083-924-6749
(社)徳島県雇用開発協会	770-0942	徳島市昭和町1-11 日動火災徳島ビル6F	088-655-1050
(社)香川県雇用開発協会	760-8790	高松市亀井町8-11 高松あおば生命ビル9F	087-834-1123
(社)愛媛県高年齢者雇用開発協会	790-0001	松山市一番町4-1-5 一誠ビル7F	089-943-6622
(社)高知県雇用開発協会	780-0053	高知市駅前町5-5 大同生命高知ビル7F	088-884-5213
(財)福岡県中高年齢者雇用促進協会	812-0011	福岡市博多区博多駅前1-9-3 福岡MIDビル6F	092-473-6233
(社)佐賀県高年齢者雇用開発協会	840-0041	佐賀市城内2-9-28 オフィスサガ21 5F	0952-25-2597
(社)長崎県雇用開発協会	850-0862	長崎市出島町1-14 出島朝日生命青木ビル5F	095-827-6805
(社)熊本県高年齢者雇用開発協会	860-0844	熊本市水道町15-22 農尋ビル6F	096-355-1002
(社)大分県総合雇用推進協会	870-0027	大分市末広町2-10-24 パークビル末広7F	097-537-5048
(社)宮崎県高年齢者雇用開発協会	880-0812	宮崎市高千穂通2-1-33 明治生命宮崎ビル8F	0985-29-0500
(財)鹿児島県雇用開発協会	890-0046	鹿児島市西田1-5-1 GEエジソンビル鹿児島4F	099-206-2001
(社)沖縄県雇用開発協会	900-0034	那覇市東町1-1 沖縄県那覇東町会館8F	098-864-2455

3 雇用・能力開発機構

▶所在地
　〒231-8333
　神奈川県横浜市中区桜木町一丁目1番地8　日石横浜ビル
　ホームページアドレス
　http://www.ehdo.go.jp/

▶業務内容
　雇用・能力開発機構においては、次の業務を実施することにより、労働者の雇用の安定とその他福祉の増進と経済の発展に寄与することを目的としています。
1　雇用開発業務
　(1)　雇用管理に関する相談等
　(2)　中小企業の雇用創出、人材確保等のための助成金の支給、相談等
　(3)　建設労働者の雇用の改善のための助成金の支給、雇用管理、研修等
2　能力開発業務
　(1)　公共職業能力開発施設等の設置運営、事業主等の行う職業訓練の援助等
　(2)　労働者の職業生活設計に即した自発的な職業能力の開発及び向上についての労働者等に対する相談等(キャリア・コンサルティング)
3　勤労者財産形成促進業務
　　勤労者の財産形成を促進し、生活の安定を図るための助成金等の支給及び持家取得資金、教育資金等の融資
4　特例業務
　　機構の設立の際、現に雇用促進事業団が設置を行っていた移転就職者用宿舎及び福祉施設を譲渡する業務並びに譲渡するまでの間の管理運営業務

雇用・能力開発機構都道府県センター連絡先

名称	郵便番号	所在地	電話番号	FAX番号
北海道	060-0001	札幌市中央区北1条西6-2 安田火災北海道ビル6階	011(261)5306	011(261)5300
青森	030-0861	青森市長島2-10-3 青森フコク生命ビル7階	017(777)1234	017(777)1187
岩手	020-0022	盛岡市大通3-3-10 七十七日生盛岡ビル5階	019(625)5101	019(625)5104
宮城	983-0852	仙台市宮城野区榴岡5-11-1 仙台サンプラザ4階	022(257)2009	022(257)2010
秋田	010-0001	秋田市中通4-12-4 安田生命秋田ビル6階	018(836)3181	018(836)3184
山形	990-0828	山形市双葉町1-2-3 山形テルサ1階	023(647)0300	023(646)0318
福島	960-8031	福島市栄町6-6 ユニックスビル10階	024(522)6503	024(522)6693
茨城	310-0021	水戸市南町2-6-10 水戸証券ビル6階	029(221)1188	029(221)1391
栃木	320-0811	宇都宮市大通り2-1-5 明治生命宇都宮大通りビル2階	028(634)1141	028(634)1161
群馬	371-0022	前橋市千代田町2-5-1 前橋テルサ5階	027(235)6100	027(235)6103
埼玉	336-0011	さいたま市高砂3-17-15 浦和商工会議所会館6階	048(838)7744	048(838)7749
千葉	260-0026	千葉市中央区千葉港8-4 日本興亜千葉ビル1階	043(248)7766	043(248)7769
東京	112-0004	文京区後楽1-9-20 飯田橋合同庁舎8階	03(3816)8161	03(3816)8170
神奈川	231-0005	横浜市中区本町2-12 安田火災横浜ビル2階	045(212)2228	045(212)3350
新潟	950-0917	新潟市天神1-1 プラーカ3 3階	025(247)5321	025(247)5324
富山	930-0805	富山市湊入船町9-1 とやま自遊館2階	076(433)2211	076(442)1178
石川	920-0853	金沢市本町1-5-2 リファーレ12階	076(222)1771	076(222)5770
福井	910-0005	福井市大手2-7-15 安田生命福井ビル4階	0776(25)1988	0776(25)1987
山梨	400-0858	甲府市相生2-3-16 三井住友海上甲府ビル1階	055(232)1154	055(237)2079
長野	380-0823	長野市南千歳1-15-3 TSビル3階	026(224)8000	026(224)4508
岐阜	500-8842	岐阜市金町4-30 明治生命岐阜金町ビル6階	058(265)5800	058(266)5329
静岡	420-0857	静岡市御幸町11-30 エクセルワード静岡ビル9階	054(253)5711	054(251)5864

第4章 助成金活用で経営合理化

愛知	460-0003	名古屋市中区錦1-16-20 グリーンビル5階	052(221)0171	052(221)1271
三重	514-0004	津市栄町1-840 大同生命瀧沢ビル5階	059(226)2133	059(226)2177
滋賀	520-0047	大津市浜大津1-2-22 大津商中日生ビル5階	077(525)9291	077(525)9294
京都	601-8047	京都市南区東九条下殿田町70 京都デルタ3階	075(681)3800	075(681)3870
大阪	541-0054	大阪市中央区南本町1-7-15 明治生命堺筋本町ビル11階	06(6264)2360	06(6264)5177
兵庫	650-0044	神戸市中央区東川崎町1-1-3 神戸クリスタルタワー20階	078(360)1981	078(360)1699
奈良	630-8247	奈良市油阪町1-1 千鶴ビル5階	0742(24)2662	0742(24)2665
和歌山	640-8269	和歌山市小松原通1-1-11 大岩ビル4階	073(432)1531	073(432)1534
鳥取	680-0834	鳥取市永楽温泉町271 朝日生命鳥取ビル5階	0857(29)0606	0857(29)0133
島根	690-0003	松江市朝日町478-18 松江テルサ3階	0852(31)2800	0852(31)2164
岡山	700-0821	岡山市中山下1-8-45 NTTクレド岡山ビル18階	086(231)3666	086(231)3963
広島	730-0051	広島市中区大手町2-11-10 NHK放送センタービル13階	082(248)1345	082(241)4734
山口	753-0077	山口市熊野町1-10 ニューメディアプラザ山口6階	083(932)1010	083(932)1583
徳島	770-0841	徳島市八百屋町2-11 ニッセイ徳島ビル7階	088(654)3311	088(654)3390
香川	761-0113	高松市屋島西町2366-1 高松テルサ2階	087(841)5757	087(841)5777
愛媛	790-0011	松山市千舟町5丁目5-3 アクサ松山ビル2階	089(947)6623	089(931)8147
高知	780-0870	高知市本町4-1-8 高知ココクフ生命ビル3階	088(872)2112	088(824)3339
福岡	812-0039	福岡市博多区冷泉町5-32 オーシャン博多ビル6階	092(262)2700	092(262)2220
佐賀	840-0801	佐賀市駅前中央1-6-25 佐賀東京海上ビル5階	0952(26)9498	0952(26)9494
長崎	850-0035	長崎市元船町14-10 橋本商会ビル8階	095(821)8131	095(823)4903
熊本	862-0956	熊本市水前寺公園28-51 熊本テルサ1階	096(386)5100	096(386)5104
大分	870-0034	大分市都町1-2-19 大分都町第一生命ビル2階	097(536)5040	097(536)5404
宮崎	880-0805	宮崎市橘通り東1-7-4 宮崎一宮通ビル7階	0985(22)0771	0985(22)0984
鹿児島	892-0842	鹿児島市東千石町1-38 鹿児島商工会議所ビル12階	099(227)5454	099(225)3234
沖縄	900-0006	那覇市おもろまち1-3-25 沖縄職業総合庁舎4階	098(862)3212	098(861)3380

●東京職業ガイダンスセンター
　〒164-0001　東京都中野区中野4-1-1 中野サンプラザ9階
　03(3319)9451
(東京の職業ガイダンスセンターのみサンプラザに設置しています。)

4 中小企業庁

■中小企業施策全般に関する問い合わせは中小企業庁広報室まで。

■ホームページで中小企業施策や最新情報などを提供しています
中小企業庁　広報室　03-3501-1709（直通）
ホームページ　http://www.chusho.meti.go.jp

■中小企業相談官が、中小企業施策や経営に関する相談等にお答えします。
中小企業庁中小企業相談室　03-3501-4667（直通）

■各経済産業局中小企業課

連絡先一覧

機関名	電話番号	
北海道経済産業局	011-709-2311（代）	http://www.hkd.meti.go.jp/
産業部　中小企業課		
産業技術課		
商業振興室		
新規事業課		
産業振興課		
東北経済産業局	022-263-1111（代）	http://www.tohoku.meti.go.jp/
産業部　中小企業課		
産業技術課		
新規事業課		
産　業　課		
関東経済産業局	048-601-1200（代）	http://www.kanto.meti.go.jp/
産業振興部　産業振興課	048-600-0303（直）	
工　業　課	048-600-0313（直）	
中小企業課	048-600-0321（直）	
指　導　課	048-600-0331（直）	
流通産業課	048-600-0346（直）	
商業振興室	048-600-0316（直）	
産業企画部地域振興課	048-600-0267（直）	
新規事業課	048-600-0275（直）	
技術企画課	048-600-0236（直）	
中部経済産業局		http://www.chubu.meti.go.jp/
産業振興部　中小企業課	052-951-2748（直）	
商業振興室	052-951-0520（直）	
産　業　課	052-951-2724（直）	
産業企画部　新規事業課	052-951-2761（直）	
産業技術課	052-951-2774（直）	

第4章 助成金活用で経営合理化

機関名	電話番号	
近畿経済産業局		http://www.kansai.meti.go.jp/
産業振興部　産業課	06-6947-0198（直）	
中小企業課	06-6945-9090（直）	
流通サービス産業課	06-6942-8794（直）	
サービス産業室	06-6941-8794（直）	
産業企画部　地域振興課	06-6941-0162（直）	
新規事業課	06-6941-0997（直）	
技術企画課	06-6941-4384（直）	
技術振興課	06-6941-0162（直）	
中国経済産業局		http://www.chugoku.meti.go.jp/
産業部　　産業振興課	082-224-5684（直）	
中小企業課	082-224-5661（直）	
産業技術課	082-224-5678（直）	
新規事業課	082-224-5658（直）	
産業振興課	082-224-5684（直）	
産業振興室	082-224-5665（直）	
四国経済産業局	087-831-3141（代）	http://www.shikoku.meti.go.jp/
産業部　　産業振興課		
中小企業課		
商業振興室		
産業技術課		
新規事業課		
九州経済産業局		http://www.kyushu.meti.go.jp/
産業部　　産業振興課	092-482-5446（直）	
中小企業課	092-482-5447（直）	
新規事業課	092-482-5438（直）	
商業振興室	092-482-5456（直）	
技術振興課	092-482-5464（直）	
沖縄総合事務局		http://ogb.go.jp/move/
経済産業部　中小企業課	098-862-1452（直）	
産　業　課	098-866-0067（直）	

参考文献

友江照幸『小さな会社の社長学入門』明日香出版社

氏家康二『幹部が変わらなければ会社は潰れる』中経出版社

小島茂『社長経営マニュアル』日本能率協会マネジメントセンター

武田哲男『CS推進ここがポイント』日本能率協会マネジメントセンター

江口克彦『鈴木敏文経営を語る』PHP研究所

山口勝治『小さな大企業のすすめ』日新報道

堺屋太一『経営創革』実業之日本社

粕井隆『中堅・中小企業経営者のための業績管理・業績評価マニュアル』㈱アーバンプロデュース出版部

多湖輝『言葉の心理作戦』ごま書房

多湖輝『人間心理の落とし穴』ごま書房

多湖輝『心理トリック』ごま書房

多湖輝『好印象を与える自己表現術』ごま書房

多湖輝『深層説得術』ごま書房

ビジネス名言勉強会編『営業幹部の名言スピーチ』ダイヤモンド社

小島郁夫『銀行神話大崩壊時代のマジメな銀行の見分け方』山下出版

和気義一『銀行マンの掟』三笠書房

荒和雄『銀行の仕組みがわかる本』PHP出版

依田薫『資金繰りに困ったら公的資金を活用しよう』日本実業出版社

河野順一『助成金㊙活用マニュアル』実務教育出版

白石誠一『公的融資助成金こうすれば必ず受けられる』日本実業出版社

厚生労働省職業安定局・財団法人高年齢者雇用開発協会『高年齢者等の雇用を進めるために』(平成14年度版)

著者紹介

玉井　徹（1948年11月13日生まれ）
現職
㈱未来経営サポート　代表取締役社長
玉井経営会計事務所　所長

《学歴・職歴》
名古屋学院大学大学院　経済経営研究科修了
現在　名古屋学院大学大学院　経営政策専攻博士後期課程在学中（2002年4月）
某中堅電気機器メーカーに30余年勤務。人事課長、人事部長、総務部長、経営企画部長を歴任
元愛知県勤労青少年福祉推進者協会副会長、元社団法人瀬戸健康管理センター監査役、元財団法人愛知県社会保険協会瀬戸支部副支部長

《加盟団体》
東海税理士会、愛知県社会保険労務士会、愛知県行政書士会、愛知県雇用開発協会、愛知環境カウンセラー協会、瀬戸商工会議所

《保有資格》
税理士、社会保険労務士、行政書士、環境カウンセラー、宅地建物取引主任者、高年齢者雇用アドバイザー、ライフコンサルタント、騒音関係公害防止管理者、振動関係公害防止管理者、衛生管理者

《執筆・講演等》
「Management Report」（名古屋中小企業投資育成㈱－名古屋投資育成懇話会）、「職業能力開発推進者の泉」（中央職業能力開発協会）、「産業と環境」（㈱オートメレビュー社）」
日本進路指導学会中部部会（企業側シンポジスト）、中央職業能力開発協会「自己啓発促進フォーラム」（パネリスト）、㈱リクルート「学びウィークin名古屋」（講師）、愛知県職業能力開発協会「職業能力開発推進者経験交流プラザ」（講師）、岐阜県・富山県・福井県・大阪府・徳島県・愛媛県・福岡県職業能力開発協会（講師）　他多数

儲かる社長の経営ビジョン

発行日	2002年7月10日
著 者	玉井 徹（税理士・社会保険労務士）
発行人	片岡 幸三
印刷所	倉敷印刷株式会社
発行所	イマジン出版株式会社

〒112-0013　東京都文京区音羽1-5-8
TEL 03-3942-2520　FAX 03-3942-2623
HP　http://www.imagine-j.co.jp

ISBN4-87299-300-4　C2063　¥1300E

落丁・乱丁の場合は小社にてお取替えいたします。